하루키의 풍경

村上春樹の風景

by KARATANI Kojin

ⓒ 2022 by KARATANI Kojin

이 책의 한국어판 저작권은 KARATANI Kojin과 독점 계약한
도서출판 비고에 있습니다.
저작권법에 의해 한국 내에서 보호를 받는 저작물이므로
무단 전재나 복제, 광전자 매체 수록을 금합니다.

하루키의 풍경

가라타니 고진

조영일 옮김

비고

차 례

풍경의 발견 7

무라카미 하루키의 풍경 67

소세키의 작품세계 127

1 소세키의 수수께끼
2 괴짜로서의 소세키 작품
3 사생문의 위상
4 표상되지 않는 물자체
5 이념으로서의 구성
6 『춘분 지나고까지』와 『나는 고양이로소이다』

7 『춘분 지나고까지』의 구성
8 무의식의 위선

(해제) 갭과 유니클로 : 무라카미 vs 가라타니 ········ 187

옮긴이의 말 ··· 214

풍경의 발견

風景の発見

● 풍경의 발견

1

나쓰메 소세키夏目漱石가 자신의 강의노트를 『문학론』이라는 제목으로 간행한 것은 런던에서 귀국한 지 불과 4년 후(메이지明治 40년)[1]의 일이었다. 그는 당시 이미 소설가로 세간의 주목을 받고 있었고 그 자신도 집필에 몰두하고 있을 때였다. '문학론'의 구상이 '10년 계획'이었다면, 이 시점에서 그는 그 구상을 포기했다고 말할 수 있다. 요컨대 『문학론』은 그가 구상한 장대한 플랜에서 보면 극히 일부에 불과한 것이었다. 소세키가 붙인 서문에는 이미 창작활동에 몰두하고 있던 그에게 문학론이란 '그저 이론에 불과한 글'이라는 거리감과 더불어 문학론을 포기할 수 없다는 생각이 교차하고 있다. 이 두 가지 감정은 모두 의심의 여지가 없는 것으로, 소세키의 창작활동이란 바로 그런 감정 위에 존재하고 있었다.

역으로 말하면 서문은 이 책이 당시 독자들에게 느닷없고 기묘한 글로 비칠 수밖에 없다는 사실을 의식하고 있었음을 보여주고 있다. 물론 당시의 독자들만이 아니라 지금의 독자

---

[1] 1907년. 메이지는 1868-1912년에 해당한다.

들에게도 그렇게 보일지 모른다. 사실 소세키에게는 개인적 필연성이 있었을지 몰라도 일본에서는(서양에서도) 이런 책이 쓰일 필연성은 없었다고 해도 과언이 아니다. 그것은 갑자기 피어난 꽃이었고, 바로 그렇기 때문에 씨를 남기지도 못했다. 소세키는 아마도 이런 부분을 강하게 의식했던 것으로 보인다. 그는 원래 계획했던 '문학론'의 구상이 일본은 물론 서양에서조차 고립되고 갑작스러운 것이었다는 사실에 분명 당혹감을 느꼈을 것이다. 그는 서문에서 마치 『마음』의 선생이 쓴 유서처럼 왜 이토록 기묘한 책을 쓸 수밖에 없었는지를 설명하고 있다. 서문이 본문과는 정반대로 사적인 내용인 것은 그런 이유에서다. 그는 자신의 열정이 어떠한 것이었고 무엇에서 비롯되었는지를 해명해야만 했다.

> 나는 이렇게 해서 근본적인 의미에서 문학이란 무엇인가 하는 문제에 대한 해답을 발견하겠다고 결심했다. 동시에 남은 1년을 바쳐서 이 문제를 연구하는 제1기로 이용해야겠다고 생각했다.
> 나는 하숙집에 틀어박혔다. 가지고 온 고리짝 아래에 모든 문학서를 처박아 놓았다. 문학서를 읽어서 문학이 어떠한 것인지 알려고 하는 것은 피를 가지고 피를 씻으려고 하는 것과 같은 수단임을 믿어 의심치 않았다. 나는 심리적으로 문학이 어떤 필요에서 이

● 풍경의 발견

세상에 생겨나 발전하고 쇠퇴하는지를 규명하기로 결심했다. 또 사회학적으로 문학이 어떤 필요에서 존재하고 융성하고 쇠멸하는지를 규명하기로 다짐했다.[2]

  소세키는 '문학이란 무엇인가 하는 문제'를 문제 삼았다. 사실 이것이 그의 계획과 열정을 개인적인 것으로, 다시 말해 타인과 공유하기 어려운 것으로 만든 이유였다. 당시로서는 이런 '문제' 자체가 너무나도 새로웠다. 동시대 영국인에게 문학은 문학이었다. '문학' 안에 있으면 소세키가 가졌던 의문은 생겨날 여지가 없었다. 하지만 미셸 푸코가 말했듯이 '문학'이란 겨우 19세기에 확립된 관념이다. 그런데 소세키는 바로 그 시대를 살고 있었기 때문에 '문학'에 대한 의심을 피할 수는 없었다. '문학'이 이미 정착된 메이지 40년 일본에서는 이 같은 의문이 더욱 기이하게 보였다. 반시대적이라기보다 그저 기이하게 보였다. 그런 분위기는 분명 소세키의 이론적 의욕을 위축시켰을 것이다.

  『문학론』은 언뜻 보기에 '문학이론'처럼 보인다. 즉 '문학' 내부에서 쓴 것처럼 보인다. 하지만 원래 계획했던 '문학

---

2 夏目漱石, 『文学論』, 『漱石全集』(第十八巻), 岩波書店, 1957, 10頁 (나쓰메 소세키, 「『문학론』 서」, 『문학예술론』, 황지헌 옮김, 2004, 소명출판, 36쪽).

론'의 구상은 『문학평론』과 그 밖의 에세이로 알 수 있듯이 매우 근본적인 것이었다.

소세키가 먼저 의심한 것은 영문학이 보편적이라는 사고였다. 물론 소세키는 한문학을 영문학과 대치시켜 상대화하지는 않았다. 그는 무엇보다도 먼저 그런 보편성이 아프리오리 a priori 한 것이 아니라 역사적인 것이며, 또 그런 역사성(기원) 자체를 숨김으로써 성립하고 있다는 점을 지적한다.

> 내 경험에 비추어보면, 셰익스피어가 건립했다고 하는 시詩의 나라는 유럽 평론가의 한결같은 지적처럼 그렇게 보편적인 성질을 띠고 있는 것이 아니다. 우리들이 어느 정도 그것을 음미할 수 있는 이유는 최근에 이루어진 수양修養의 결과로서 극劇의 흐름에 순응할 수 있는 경지를 의식적으로 포착하려고 노력하면서 거의 의식적인 감상태도로 그것을 대하기 때문이다.[3]

소세키의 말을 부연하자면, 셰익스피어는 동시대에 '보편적'으로 인식되던 라틴적 교양을 가진 극시인들로부터 경멸

---

3 夏目漱石, 「坪内博士とハムレット」, 『漱石全集』(第二十卷), 岩波書店, 1957, 252-253頁(나쓰메 소세키, 「쓰보우치 박사와 햄릿」, 『문학예술론』, 448쪽).

● 풍경의 발견

을 받았을 뿐만 아니라 그 후로도 줄곧 묵살되다가 19세기 초가 되어서야 겨우 독일 낭만파들에 의해 '문학'과 함께 발견되었다. 여기서 천재적인 개인으로서의 셰익스피어, 자기표현을 하는 시인, 낭만적이면서 현실적인 시인 셰익스피어가 출현했다. 하지만 셰익스피어의 극은 그런 것들과는 이질적이며 오히려 어떤 의미에서는 지카마쓰 몬자에몬4과 유사하다. 소세키는 쓰보우치의 번역을 비평하면서 이런 점을 지적한다. 셰익스피어는 리얼리즘 작가가 아닐 뿐만 아니라 '인간'을 그리려고 하지도 않았다. '보편적인 것'은 19세기 서구에서 확립됨과 동시에 그 자신의 역사성을 은폐했다.

소세키가 '문학사'나 문학의 역사주의적 연구를 부정할 수밖에 없었던 이유는 무엇보다 '문학' 자체의 역사성에 의문을 제기했기 때문이다. 역사주의는 '문학'과 마찬가지로 19세기에 확립된 지배적 관념으로, 역사주의적 관점에서 과거를 본다는 것은 '보편적인 것'을 자명한 전제로 삼는 것이었다.

소세키는 '문학사'에 반발한다. 하지만 그것이 일본인에게 독자적인 이해가 허용된다는 말은 아니었다. 그가 말하는

---

4 近松門左衛門(1653-1725) 조루리와 가부키 극작가. 대표작으로 『소네자키 숲의 정사』 등이 있다.

'자기본위自己本位'[5]란 바로 당시 압도적인 것으로 보였던 '문학'이라는 것, '역사'라는 것을 근본적으로 의심하는 것이었다.

풍속이든 습관이든 정조情操든 서양의 역사에 나타난 것만이 풍속이자 습관이자 정조이며, 그 외에는 풍속도 습관도 정조도 없다고 말할 수는 없습니다. 또 서양인들이 자신들의 역사에서 많은 변화를 거쳐 도달한 마지막 지점이 꼭 표준이 되는 것도 아닙니다 (그들에게는 표준이겠지만). 특히 문학에서는 더욱 그렇습니다. 많은 사람들이 일본문학은 유치하다고 말합니다. 한심한 일이지만 나도 그렇게 생각합니다. 하지만 자국의 문학이 유치하다는 자백이 바로 그렇기 때문에 오늘날의 서양문학이 표준이 되어야 한다는 말은 아닙니다. 유치한 오늘날의 일본문학이 발달하면 반드시 현대의 노서아문학이 될 것이라고 단언할 수는 없다고 믿습니다. 또 반드시 위고에서 발자크, 발자크에서 졸라라는 순서로 오늘의 불란서문학과 같은 성질로 발전해야 하는 이유도 찾기 어렵습니다. 유치한 문학이 발달하는 과정이 반드시 한 가지

---

5 '칙천거사則天去私'(하늘을 따르고 나를 버린다)와 더불어 흔히 소세키의 키워드로 간주되는 표현으로, 사전적 정의는 '모든 것을 자신을 중심으로 생각하거나 행동하는 것'을 말함.

● 풍경의 발견

길뿐이고 그렇게 해서 도달하는 곳이 한 곳뿐이라는 것을 이론적으로 증명하지 않는 이상, 현대 서양문학의 경향이 유치한 일본문학의 경향이 되어야 한다는 것은 속단입니다. 그리고 그런 경향이 절대적으로 옳다고 결론을 내리기도 어렵습니다.

길이 하나인 과학에서는 새로운 것이 곧 올바른 것이라고 말할 수 있겠지만, 발전의 길이 복잡하게 뒤얽히고 여러 가지로 나누어질 수 있는 이상, 서양인의 새로움이 반드시 일본인에게 옳은 것이라고 말하기는 어렵습니다. 그리고 문학이 하나의 길로 발전하지 않는다는 것은 그럴듯한 이유는 차치하고라도 실제로 각 나라의 당대문학, 가장 진보해 있는 문학들을 비교해 보면 잘 알 수 있을 것이라고 생각합니다. (중략)

이렇게 보면 서양의 회화사가 오늘날과 같은 모습이 된 것은 그야말로 위태로운 줄타기와 같은 곡예를 한 결과라고 말하지 않을 수 없습니다. 조금만 균형이 어긋났어도 곧바로 다른 역사가 되고 말았을 것입니다. 논의로서는 아직 충분하지 않을지 모르지만, 실제로는 앞에서 말한 것과 같은 의미로부터 귀납하면 회화의 역사는 무수히 많고 무한하다, 서양의 회화사는 그 중의 하나이며 일본 풍속화의 역사도 그저 한 줄기에 지나지 않는다고 말할 수 있습니다. 이것은 단지 회화를 예로 이야기한 것이지만, 반드시 회화에 한정된 것이 아닙니다. 문학도 같을 것입니다. 그렇다면 주어진 서양의 문학사만을 유일한 진리로 간주하여 만사를 그에 비추어 결정하는 것은 지나치게 협소한 생각인지도 모릅니다. 서양의 그것들은 역사이기에 아마 사실일 것입니다. 하지만 주어지지 않은 역사는 얼마든지 머릿속에서 만들어낼 수 있으며, 조건만 갖추어지면 언제든지 그것을 실현할 수 있다고까지 주장해도 된다고 믿습니다. (중략)

지금까지 문학사에 연속적인 발전이 있다고 보고 과거의 것을 버리고 그저 새로운 것을 쫓는 폐단, 우연히 만들어진 작가의 작품에 주의主義라는 이름을 부여하여 그 작품이 반드시 그 주의를 대표하는 것처럼 취급하여 타당성이 부족함에도 영원히 파괴하기 어려운 전체whole로 간주하는 폐단, 그리고 마지막으로 점점 바뀌는 추세에 따라 주의의 취지가 변화되어 혼잡해져 가는 폐단, 이 세 가지에 대해 말했습니다. 이제부터 말하고자 하는 것은 역사와 관계는 있습니다만, 역사의 발전과는 그다지 관계가 없는 것처럼 생각되는 것입니다. 즉 작품을 구별할 때 시대나 개인의 특성에의 의해 성립한 어떤 주의로 하는 대신에, 동서고금에 통용되는 즉 작가나 시대를 떠나 오로지 작품에 나타난 특성만을 가지고 하는

● 풍경의 발견

것입니다.
 시대를 떠나 작가를 떠나 작품에 드러난 특성만을 가지고 구별하고자 한다면, 작품의 형식과 제목으로 구분하는 방법밖에 없을 것입니다.[6]

위의 인용으로도 명확한 것처럼 소세키는 역사주의에 감추어진 서구중심주의나 역사를 연속적이고 필연적으로 보는 관념에 이의를 제기하고 있다. 또 그는 작품을 '시대정신'이나 '작가'와 같은 전체 whole 로 환원하는 것을 거부하고 '작품에 나타난 특성'에 주목했다. 이러한 발상은 형식주의자적인 것으로, 물론 소세키는 이미 그들보다 훨씬 앞서 있었다. 『문학론』에 나오는 'F + f' 정식定式[7]도 이런 그의 기본자세에서 나온 것이다.

---

6 夏目漱石, 「創作家の態度」, 『漱石全集』(第二十卷), 87-88頁, 93頁, 98-99頁(나쓰메 소세키, 「창작가의 태도」, 『문학예술론』, 182-183쪽, 190-191쪽, 199쪽).
7 소세키는 문학적 내용의 형식이 'F+f'로 이루어진다고 보았는데, "F는 초점적 인상이나 관념을 의미하고, f는 이것에 부착되는 정서를 의미한다. (중략) 이 공식은 인상이나 관념의 두 방면, 즉 인식적 요소(F)와 정서적 요소(f)의 결합을 보여준다."(夏目漱石, 『文學論』, 『漱石全集』(第十八卷), 岩波書店, 1957, 23頁). 다시 말해, 소세키는 F와 f가 어떤 비율로 결합되는지에 따라 자연주의와 낭만주의로 나뉜다고 보았다.

예를 들어 낭만주의와 자연주의는 역사적인 개념으로 역사적인 순서에 따라 출현한 것이지만, 소세키는 이것을 두 가지의 '요소'로 보려고 했다.

> 두 종류의 문학이 가진 특징은 이상과 같습니다. 따라서 양쪽 모두 중요합니다. 어느 한쪽만 있으면 다른 것은 문단에서 퇴출되어도 좋다고 할 정도로 근본이 허술한 것이 결코 아닙니다. 사람들은 양쪽에 대해 서로 다른 두 가지 이름을 사용하여 자연파와 낭만파로 대립시키며 이 두 경향이 보루를 견고히 하고 참호를 깊게 만들어 서로 노려보고 있는 것처럼 생각합니다만, 사실 대립하는 것은 이름뿐으로 내용적 측면에서는 양쪽이 모두 왕래할 수 있을 뿐만 아니라 대부분 섞여 있기도 합니다. 또 어떤 경우에는 그것을 읽는 독자의 사고방식에 따라서 어느 쪽으로도 편입시킬 수 있는 작품도 있을 수 있습니다. 따라서 좀더 자세하게 살펴보면, 순객관적 태도와 순주관적 태도 사이에는 무수한 변종이 존재할 수 있으며, 또 이 변종이 다른 것과 결부되어 또 다른 잡종을 만들어내는 등 무수한 제2의 변화가 성립할 수 있기에 누구의 작품은 자연파다, 누구의 작품은 낭만파다 하는 식으로 일괄해서 말할 수 있는 것이 아닙니다. 그보다는 누구의 작품이 이런 점은 이러한

의미에서 낭만파 취향이고 이러한 의미에서 자연파 취미라는 식으로 작품을 구체적으로 해부하며 하나 하나 지적하는 것이 보다 합당한 태도입니다. 뿐만 아니라 그렇게 지적한 부분의 취향까지도 낭만, 자연 이라는 두 어휘를 가지고 단순하게 파악하지 않고 어느 정도의 이질적 요소가 어느 정도의 비율로 섞여 있는지를 설명한다면 오늘날의 폐해는 구제될 수 있을지도 모릅니다.[8]

이것이 형식주의적 견해라는 것은 굳이 말할 필요도 없다. 소세키는 언어표현의 근저에 은유 metaphor 와 직유 simile 가 있음을 발견했는데, 이 두 요소가 낭만주의와 자연주의로 나타나게 된 것이다. 로만 야콥슨은 은유와 환유 metonymy 를 대비적 요소로 보고 두 요소의 정도에 따라 문학작품의 경향을 판단하는 방법을 제시한 바 있는데, 소세키는 이보다 훨씬 앞서 있었다.

소세키와 야콥슨에게 존재하는 공통점은 두 사람 모두 서구사회의 이방인으로서 서양의 '문학'을 보려고 한 것과 관련이 있다. 러시아 형식주의가 제대로 평가받기 위해서는 서구 내부에서 '서구중심주의'에 대한 의심이 생겨나야 했

---

8 夏目漱石,「創作家の態度」, 145-146頁(나쓰메 소세키,「창작가의 태도」, 268-269쪽).

다. 그렇다면 소세키의 시도가 얼마나 고립된 것이었는지 굳이 설명할 필요도 없을 것이다. 하지만 소세키가 결국 '문학론'을 포기한 것은 고립감 때문만은 아니었다.

소세키가 거부한 것은 서구의 자기동일성(아이덴티티)이었다. 그가 생각하기에 거기에는 '교환' 가능한, 다시 말해 재편성이 가능한 구조가 존재했다. 우연히 선택된 하나의 구조가 '보편적인 것'으로 간주될 때, 역사는 필연적이고 직선적인 것이 될 수밖에 없다. 그렇다고 소세키가 서양문학과 일본문학을 대립시켜 놓고 그 차이나 상대성을 주장하는 것은 아니다. 그에게는 일본문학이 지닌 아이덴티티 또한 의심스러운 것이었다. 그런데 이 같은 교환가능한 구조의 발견은 곧바로 다음과 같은 의문을 불러일으킨다. 왜 역사는 이렇고 저렇지 않은가? 왜 나는 여기에 있고 저기에는 없는가?(파스칼) 당연히 형식주의와 구조주의에는 이런 의문이 결여되어 있다.

예를 들어 소세키는 어렸을 때 다른 집의 양자로 들어갔고 어느 정도 성장할 때까지 양부모를 친부모로 알고 자랐다. 소세키는 그들에 의해 '교환'된 것이다. 소세키에게 부모와 자식의 관계는 자연스러운 것이 아니라 교환가능한 것이었다. 자신의 혈통(아이덴티티)에 만족하는 사람은 거기에 존재하는 잔혹한 장난을 보지 않는 것이다. 소세키의 의문은

● **풍경의 발견**

설사 그렇다 하더라도 왜 자신은 여기에 있고 저기에 없는가 하는 것이었다. 이미 교환불가능한 것으로 존재하기 때문이다. 아마도 그의 창작활동은 이러한 의문과 관련이 있었을 것이다. 이론에 싫증이 나서 창작으로 이행한 것이 아니라 그의 창작 자체가 이론에서 파생한 것이었다. 즉 소세키가 창작으로 나아간 것은 그가 매우 이론적이었기 때문으로, 다른 말로 '문학이론'과 같은 것을 목표로 삼지 않았기 때문이다. 그는 이론적으로만, 즉 '문학'과 거리를 둠으로써만 존립할 수 있었던 것이다.

2

『문학론』의 서문이 사적인 이유는 그에게 이론적인 것이란 본의本意가 아니라 강요된 것이었기 때문이다. 그는 어떻게 '문학이란 무엇인가 하는 문제'를 가지게 되었을까. 그는 다음과 같이 이야기한다.

> 나는 어렸을 때 즐겁게 한학을 배웠다. 비록 한학을 배운 시기는 짧았지만 좌국사한左國史漢[9]을 통해 어렴풋하게나마 문학이란 이런 거구나 하는 막연한 정의 같은 것을 얻었다. 가만히 따져 보니 영문학 또한 이런 것과 크게 다르지 않을 것이고, 만약 그러하다면 평생을 바쳐 배워도 절대 후회하지 않을 것이라고 생각했다. (중략)
> 어느덧 10년의 세월이 훌쩍 지나갔다. 배운 시간이 부족했다고 말할 수는 없다. 그저 배움에 철저하지 못함을 한탄할 뿐이다. 졸업한 후 내 머릿속에는 왠지 영문학에 속았을지도 모른다는 불안감이 있었다.[10]

---

9 『춘추좌씨전』, 『국어』, 『사기』, 『한서』를 가리키는 말이다.
10 夏目漱石, 『文学論』, 『漱石全集』(第十八卷), 8-9頁(나쓰메 소세키,

● **풍경의 발견**

 소세키가 말하는 '영문학에 속았을지도 모른다는 불안감'에는 근거가 있다. '문학'에 익숙해져 버린 눈에는 '속임수'가 속임수로 보이지 않을 뿐이다. 우리는 소세키의 불안감을 다른 문화를 접한 사람이 경험하는 정체성의 위기라는 식으로 일반화해서는 안 된다. 왜냐하면 그렇게 말할 때 우리는 이미 '문학'을 자명한 것으로 보고 있는 것이며, 그로 인해 '문학'이라는 이데올로기가 보이지 않게 되기 때문이다. 소세키에게 그와 같은 사실이 희미하게나마 보인 것은 물론 한문학에 친숙했기 때문이다. 하지만 그가 말하는 '한문학'은 중국문학이 아닐 뿐만 아니라 서구문학과 대치되는 문학도 아니다. 그는 한문학과 서구문학을 비교할 여유로운 장소에 있지 않았다. 그에게 '한문학'은 실체가 아니라 이미 '문학' 너머에 있다고 상정된, 회귀불가능하고 불확실한 어떤 것이었다.

 예를 들어 소세키가 말하는 '한문학'에 대응하는 것은 산수화인데, 이 산수화가 풍경화를 통해 비로소 존재하게 되었다는 점에 주의해야 한다.

> 산수화라는 명칭은 여기에 전시된 그림이 실제로

「『문학론』 서」, 『문학예술론』, 34-35쪽).

그려진 시대에는 없었다. 대신에 그것들은 시키에[11]나 쓰키나미[12]라고 불렸다. 산수화는 메이지시대 일본의 근대화를 지도한 페놀로사[13]에 의해 명명됨으로써 회화표현의 카테고리에 위치하게 되었다. 그렇다면 산수화라는 규정 자체는 서양의 근대적인 의식과 일본문화와의 차이에 의해 출현한 셈이다.[14]

'한문학'에 대해서도 같은 말을 할 수 있다. 한문학은 이미 '문학'이라는 의식 안에 존재하며 그와 같은 의식에서만 존재한다. 한문학을 대상화하는 일은 이미 '문학' 위에서 이루어진다. 그러므로 한문학과 영문학을 비교하는 것은

---

11 四季絵, 사계의 자연과 풍속을 한눈에 볼 수 있도록 병풍이나 장지에 그린 그림.
12 月並, 자연의 정취 배경으로 1년 12개월 동안의 행사나 풍속을 병풍이나 장지에 그린 그림.
13 Ernest Fenollosa(1853-1908) 미국의 동양미술사가. 하버드대를 졸업한 후 1878년 일본으로 건너와 도쿄대학에서 철학, 경제학을 강의하면서 일본미술에 흥미를 갖고 일본회화의 부흥을 제창. 도쿄미술학교 설립 후 미술사 교수가 되어 오카쿠라 덴신과 함께 신일본미술운동의 중심이 된다. 1890년 귀국 후 보스턴미술관 동양미술부 주관主管으로서 일본미술의 소개에 앞장섰다. 저서로 『동아미술사강東亞美術史綱』 등이 있다.
14 宇佐美圭司, 「『山水画』に絶望を見る」, 『現代思想』, 青土社, 1977年 5月号, 126頁.

● **풍경의 발견**

'문학'='풍경' 자체의 역사성을 보지 않는 셈이 된다. 즉 '문학'과 '풍경'의 출현에 의해 인식의 배치 자체가 바뀌어 버렸다는 사실을 놓치게 된다.

내가 생각하기에 '풍경'이 일본에서 발견된 것은 메이지 20년대다. 물론 발견될 것도 없이 풍경은 이미 있었다고 말해야 할지도 모른다. 하지만 풍경으로서의 풍경은 그 이전에는 존재하지 않았으며, 그렇게 생각했을 때 비로소 '풍경의 발견'이 얼마나 중층적인 의미를 지니는지 알 수 있다.

소세키는 정확히 바로 이런 과도기를 살았다고 할 수 있다. 물론 이 시기를 과도기라고 말하는 것은 역사주의적인 견해에 불과하다. 사실 그는 영문학을 선택한 후에 자기 안에서 인식의 배치가 근본적으로 바뀌었음을 깨달았다. 영문학과 한문학은 소세키 안에서 결코 정적靜的인 삼각관계를 형성하지 않았다. 그는 『그 후』의 다이스케처럼 어느 날 갑자기 자신이 이미 선택을 해버렸다는 사실을 깨달은 것이다. 즉 '풍경의 발견'은 과거에서 현재에 이르는 선線적인 역사가 아니라 뒤틀리고 전도된 시간성에 존재한다. 이미 풍경에 익숙한 사람은 이런 뒤틀림을 볼 수 없다. 소세키의 의심은 여기에서 비롯된 것으로, '영문학에 속았을지도 모른다는 불안감'은 말하자면 '풍경' 안에 있다는 사실에 대한 불안이다.

소세키가 일본문학 대신 '한문학'을 말하고 있다는 점은 매우 흥미롭다. 물론 한문학은 국학자들의 항의 protest 에도 불구하고 일본문학의 전통이었다. 요시모토 다카아키[15]가 강조하고 있는 것처럼 『만요슈万葉集』조차 한문학이나 한자가 가져다준 충격 속에서 성립한 것이다.[16] 화조풍월花鳥風月은 물론이고 국학자가 상정한 순수하게 토착적인 것들도 한문학에서 비롯된 '의식'에서 존재할 수 있었다. 고대 일본인이 '서경敍景'[17]을 시작했을 때 즉 풍경을 발견했을 때는 이미 한문학이라는 의식이 존재했다. 문학의 원천으로 소행遡行하면 우리는 그곳에서 문자·문학 écriture 을 발견할 뿐이다.

문제가 복잡해지는 것은 메이지 20년대에 일어난 '풍경'의 발견이 이와 매우 유사한 것이었고 그와 같은 전도가 누적되었기 때문이다. 이 문제는 별도로 논하겠지만, 여기서 내가 말하고 싶은 것은 국학자가 한문학 이전의 모습을 상정한다면, 한문학의 의식으로 그 이전을 상정하는 것처럼, '풍경' 이전의 풍경에 대해 말할 때 이미 '풍경'을 통해

---

15 吉本隆明(1924-2012) 전후 일본을 대표하는 사상가이자 시인. 주요 저서로 『예술적 저항과 좌절』, 『의제의 종언』, 『언어에서 미란 무엇인가』, 『공동환상론』이 있다.
16 吉本隆明, 『初期歌謠集』, ちくま文芸文庫, 1994.
17 자연의 경치를 시나 문장으로 나타내는 것.

● 풍경의 발견

보고 있다는 배리背理다. 예를 들어 산수화란 무엇인가 하고 물을 때, 이 물음이 이미 전도 안에 있다는 사실을 자각할 필요가 있다.

지금부터 인용할 우사미 게이지의 '비교'는 물론 이런 곤란함에 대한 깊은 이해를 바탕으로 이루어지고 있다.

> 산수화의 공간을 이야기하기 위해 산수화의 장場과 시간에 대해 검토하기로 하자. 산수화에서 '장'의 이미지는 서구 원근법의 위치로 환원되는 것이 아니다.
>
> 원근법에서의 위치는 고정된 시점을 가진 한 인간에 의해 통일적으로 파악된다. 어느 순간에 그 시점에 대응하는 모든 것은 좌표의 그물코에 의해 그 상호관계가 객관적으로 결정된다. 현재의 시각도 이런 원근법적 대상파악을 무언중에 하고 있다.
>
> 이에 반해 산수화의 장은 개인과 사물과의 관계가 아니라 선험적이고 형이상적인 모델로서 존재한다.
>
> 선험적이라는 점에서 그것은 중세 유럽의 장과 공통성을 지닌다. 여기서 선험적인 것이란 산수화의 장에서는 중국의 철인이 득도를 하는 이상향으로, 중세 유럽에서는 성서 내지 신이었다.[18]

---

18 宇佐美圭司,「『山水画』に絶望を見る」, 129頁.

즉 화가는 '산수화'를 그릴 때 '사물'을 보는 것이 아니라 어떤 선험적인 개념을 본다. 마찬가지로 미나모토노 사네토모[19]도 바쇼도 결코 '풍경'을 본 것이 아니다. 그들에게 풍경은 곧 언어이자 과거의 문학이었다. 야나기타 구니오[20]가 지적했듯이 『오쿠로 가는 작은 길奧の細道』에는 '묘사'가 단 한 줄도 없다. '묘사'로 보이는 것도 '묘사'가 아니다. 이 미묘하지만 결정적인 차이를 보지 않으면 '풍경의 발견'이라는 사태가 보이지 않을 뿐만 아니라 '풍경'의 눈으로 본 '문학사'가 형성되고 만다.

 예를 들어 이하라 사이카쿠[21]의 리얼리즘은 '사실주의'와 교쿠테이 바킨[22]을 부정하는 풍조 가운데에서 발견되었다.

---

19 源実朝(1192-1219) 가마쿠라바쿠후鎌倉幕府의 3대 쇼군将軍. 가인. 가집으로는 『긴카이와카슈金槐和歌集』가 있다.

20 柳田國男(1875-1962) 일본 민속학의 창시자이자 사상가. 가라타니 고진이 초기부터 주목했던 인물로 2010년대에 들어선 후에는 본격적으로 『유동론』과 『세계사의 실험』 같은 그에 대한 책을 펴내기 시작한다.

21 井原西鶴(1642-1693) 에도 전기에 활동한 소설가이자 시인. 현실주의적 시민문학을 확립시켜 이후 근대작가에게 적지 않은 영향을 주었다. 대표작으로 『호색일대남』, 『호색오인녀』 등이 있다.

22 曲亭馬琴(1767-1848) 에도 후기에 활동한 요미혼 작가. 권선징악의 이념과 인과응보의 도리를 아속절충 문체로 썼다. 대표작으로

● 풍경의 발견

하지만 사이카쿠가 과연 우리가 말하는 의미에서 리얼리스트였는지는 의심스럽다. 셰익스피어가 이미 존재한 '도덕극'이라는 틀과 고전古典에 입각하여 글을 쓴 것처럼 그도 '사물'을 보고 있지는 않았다. 마사오카 시키[23]가 요사 부손[24]이 쓴 하이쿠의 회화성을 높이 평가한 것에 대해서도 똑같은 설명을 할 수 있다. 부손의 하이쿠는 우사미가 말하는 산수화와 같은 선상에 있으며 '사생'을 주창한 시키의 감수성과는 이질적이다. 물론 부손과 바쇼는 다르다. 하지만 둘의 차이는 오늘날 우리가 보는 것과 다른 부분에 있었을 것이다. 실제로 시키도 그렇게 말하고 있다. 예를 들어 부손의 회화성은 그가 바쇼와 달리 한자어를 대담하게 채용한 데에 있다. 시키는 '五月雨や大河を前に家に軒(장마가 내리는 대하 앞에 서 있는 여염집 두 채)'라는 구에서 부손이 큰 강おおかわ이 아닌 대하たいが를 채용했기 때문에 역동적인 움직임이 생생하게 '묘사'되었다고 생각했다. 하지만 이것이야말로 부손이 풍경이 아닌 문자에 심취해 있었음을 보여준다.

『난소사토미핫켄덴南総里見八犬伝』이 있다.
23 正岡子規(1867-1902) 일본의 가인, 국어학 연구가. 하이쿠, 신체시, 소설, 평론, 에세이 등 다방면에서 활동하면서 일본근대문학사에서 큰 족적을 남겼다. 그가 주창한 '사생문'은 친구였던 나쓰메 소세키에게도 큰 영향을 주었다.
24 与謝蕪村(1716-1784) 에도 중기의 하이쿠 시인, 화가.

메이지 20년대에 확립된 '국문학'은 말할 것도 없이 '문학' 위에서 규정되고 해석된 것이다. 물론 나는 여기서 '국문학사'에 대해 논할 생각은 없다. 그저 자명한 것처럼 보이는 '국문학사' 자체가 '풍경의 발견' 속에서 형성된 것임을 지적하고 싶을 뿐이다. 이에 대해 의문을 가졌던 이는 아마도 소세키뿐일 것이다. 하지만 '풍경의 발견'이 그와 같은 것이라면 우리는 그것을 소위 '문학사'적인 순서로 이야기할 수는 없다. '메이지문학사'는 확실히 시간적으로 진행되고 있는 것처럼 보인다. 하지만 '풍경의 발견'이라는 망각된 전도를 보기 위해서는 그러한 시간적 순서를 비틀어야 한다.

● 풍경의 발견

3

풍경이란 하나의 인식적 배치로, 일단 형성되면 기원도 은폐되어 버린다. 메이지 20년대의 '사실주의'에는 풍경의 맹아萌芽가 있었지만 아직 결정적인 전도는 없었다. 기본적으로 에도江戶문학의 연장선상에 있는 문체로 썼다. 이것과의 단절을 전형적으로 보여주는 것이 구니키다 돗포의 「무사시노」나 「잊을 수 없는 사람들」(메이지 31년)이다. 특히 「잊을 수 없는 사람들」은 풍경이 사생 이전에 하나의 가치전도라는 점을 여실히 보여주고 있다.

이 작품은 무명의 문학가인 오쓰大津라는 인물이 다마가와多摩川[25] 근처 한 여관에서 우연히 알게 된 야키야마秋山라는 인물에게 '잊을 수 없는 사람'에 대한 이야기를 하는 형식으로 되어 있다. 오쓰는 "잊을 수 없는 사람이란 잊어선 안 되는 사람들이 아니다."[26]라고 쓴 원고의 첫 문장을 보여

---

25 야마나시현, 가나가와현, 도쿄도를 흐르는 강. 가나가와현과 도쿄도의 경계이기도 하다.
26 国木田独歩,「忘れえぬ人々」,『定本 国木田独歩全集』(第二巻, 増訂版), 学習研究社, 1978, 113頁(구니기타 돗포,「잊을 수 없는 사람들」,『무사시노 외』, 김영식 옮김, 을유문화사, 2011, 76쪽).

주며 그것에 대해 설명한다. '잊어선 안 되는 사람'이란 '친구나 지인 그리고 신세를 진 선생님과 선배 같은' 사람들이지만, '잊을 수 없는 사람'이란 보통이라면 잊어버려도 상관없지만 잊을 수 없는 사람들을 말한다.

그는 한 예로 오사카에서 증기선을 타고 세토나이카이瀬戸内海[27]를 건넜을 때의 일을 들려준다.

> 나는 그때 건강이 좋지 않아서 그다지 들뜬 기색도 없이 사색에 빠져 있었을 거네. 갑판 위로 나가 장래의 꿈을 그려보거나 이 세상 사람들의 인생 등에 대해 줄곧 생각한 건 기억하지. 그건 젊은이의 고질병이니 이상할 것도 없다네. 봄날의 화창한 햇살이 기름 같이 빛나는 해수면에 녹아들고 잔물결도 일지 않는 바다에서 뱃머리가 시원한 소리를 내고 물살을 가로지르며 나아갈 때, 나는 안개 낀 섬들을 맞이했다가 보내면서 좌우현의 경치를 바라보고 있었다네. 유채꽃과 보리의 푸른 새싹으로 비단을 깔아놓은 것 같은 섬들이 마치 안개 속에 떠 있는 것처럼 보였지. 그러다가 배 우현으로 작은 섬이 보이더군. 배가 섬 해안가에서 1킬로미터밖에 떨어지지 않은 곳을 지나기에 나는 난간에 기대어 그 섬을 무심히 바라보았

---

27 혼슈, 시코쿠, 규슈에 둘러싸인 해역.

● **풍경의 발견**

지. 산기슭 여기저기에 키 작은 소나무가 작은 숲을 이루고 있었지만 겉보기에는 밭도 없고 집 같은 것도 보이지 않았어. 적막한 해변에 남은 썰물의 흔적이 햇볕에 반짝였고 잔잔한 파도가 해변을 가지고 노는 듯 물가에는 기다란 선이 칼날처럼 반짝였다 사라졌다 하고 있었지. 산보다 높은 하늘 위에서 종달새 우는 소리가 희미하게 들려오는 걸 보아 그 섬이 무인도가 아닌 것은 알 수 있었네. 논밭이 있는 / 섬인 걸 알 수 있네 / 하늘 높이 종달새, 이건 내 부친이 지은 시구지. 나는 산 너머에 틀림없이 인가가 있을 거라고 생각했네. 그렇게 섬을 바라보고 있노라니 썰물의 흔적이 햇볕에 반짝이는 곳에 있는 한 사람이 눈에 들어왔네. 분명 남자였고 아이는 아니었네. 뭔가를 자꾸 주워서 망태인지 통인지에 담고 있는 것 같았어. 두세 걸음 걷다 쭈그려 앉기를 반복하며 뭔가를 줍고 있더군. 나는 그늘진 적막한 섬의 작은 해변에서 무언가를 캐고 있는 그 사람을 가만히 바라보고 있었지. 배가 앞으로 나아가면서 사람의 모습은 검은 점처럼 보이더니 얼마 가지 않아 해변과 산은 물론 섬 전체가 안개 속으로 사라져 버렸다네. 그 후 지금까지 근 십 년 동안 나는 얼마나 섬의 그늘에 있던 얼굴도 모르는 그 사람을 떠올렸는지 모른다네. 이것이 나의 '잊을 수 없는 사람들' 중

한 사람이지.[28]

이 부분을 길게 인용한 것은 여기서 오쓰가 그늘진 섬에 있던 남자를 '사람'이라기보다 '풍경'으로 보고 있음을 말하기 위해서다. "그때 우연히 내 마음속에 떠오르는 건 바로 이 사람들이야. 아니 정확히 말해서 이 사람들을 본 그때 주위의 광경 속에 있던 그 사람들이지."[29] 화자인 오쓰는 이 밖에도 '잊을 수 없는 사람들'의 예를 많이 드는데 그들은 모두 위와 같은 풍경으로서의 인간이다. 물론 이런 것 자체는 특별히 기이하게 보이지 않는다. 그런데 돗포는 풍경으로서의 인간을 잊지 못하는 주인공의 기괴함을 마지막 몇 줄에서 선명하게 보여주고 있다.

결말은 여관에서 오쓰가 아키야마와 담소를 나눈 때로부터 2년 후의 일이다.

> 그 후 두 해가 지났다.
> 오쓰는 사정이 생겨 도호쿠東北의 어느 지방에 살고 있었다. 미조구치의 여관에서 처음 만난 아키야마

---

28 国木田独歩,「忘れえぬ人々」, 114-115頁(구니기타 돗포,「잊을 수 없는 사람들」, 77-78쪽).
29 国木田独歩,「忘れえぬ人々」, 120頁(구니기타 돗포,「잊을 수 없는 사람들」, 84쪽).

● 풍경의 발견

와의 교제는 완전히 끊긴 상태였다.
 마침 오쓰가 미조구치에 묵었던 때와 같은 계절로 비가 내리는 밤이었다. 오쓰는 홀로 책상 앞에 앉아 명상에 잠겨 있었다. 책상 위에는 이 년 전 아키야마에게 보여준 원고와 같은 「잊을 수 없는 사람들」이 놓여 있었는데, 마지막에 추가된 것은 '가메야의 주인'이었다.
 '아키야마'가 아니었다.[30]

즉 「잊을 수 없는 사람들」이라는 작품에서 느껴지는 것은 단순한 풍경이 아닌 어떤 근본적인 도착이다. 말하자면 '풍경'이야말로 이런 도착에서 발견되는 것이다. 이미 말한 것처럼 풍경은 단순히 바깥에 있는 것이 아니다. 풍경이 출현하기 위해서는 말하자면 지각의 양태가 변하지 않으면 안 되고, 그런 변화를 위해서는 어떤 역전이 필요하다.
 「잊을 수 없는 사람들」의 주인공은 다음과 같이 말하고 있다.

 요컨대 나는 끊임없이 인생의 문제로 괴로워하고 장래의 큰꿈大望에 억눌려 스스로 괴로워하는 불행

---

30 国木田独歩, 「忘れえぬ人々」, 121頁(구니기타 돗포, 「잊을 수 없는 사람들」, 85쪽).

한 남자라네.

 그래서 오늘과 같은 밤에 홀로 밤늦도록 등불을 마주하고 있으면 생의 고립이 느껴져 견딜 수 없을 정도로 슬픈 감정哀情이 밀려오지. 그럴 때면 내 이기심의 뿔이 뚝 하고 부러져 왠지 사람이 그리워진다네. 그러면 이런저런 옛일과 친구를 떠올리지. 그때 자꾸 내 마음속에 떠오르는 것이 바로 이 사람들이야. 아니, 이 사람들을 본 그때 주위의 광경 안에 있던 이 사람들이야. 나와 남 사이에 무슨 차이가 있겠나, 모두 다 하늘의 거대한 땅 한구석에서 아득한 길을 헤매다 손에 손을 잡고 무궁한 하늘로 돌아갈 사람들이 아닌가 하는 생각이 마음 깊은 곳에서 우러나와 나도 모르게 눈물이 뺨을 타고 흘러내린 적이 있다네. 그때는 정말이지 너 나 할 것 없이 그저 모두가 그립고 애틋하게 느껴지지.[31]

이 장면은 '풍경'이 고독하고 내면적인 상태와 긴밀히 결부되어 있음을 잘 보여주고 있다. 이 인물은 아무 상관도 없는 타인에게 '너 나 할 것 없는' 일체감을 느끼지만, 반대로 눈앞에 있는 타자에 대해서는 매우 냉담하다. 바꿔 말해

---

31 国木田独歩,「忘れえぬ人々」, 120-121頁(구니기타 돗포,「잊을 수 없는 사람들」, 84-85쪽).

● **풍경의 발견**

주위에 있는 외적인 것에 무관심한 '내적 인간'inner man 에 의해 비로소 풍경이 발견된다. 풍경은 오히려 '바깥'을 보지 않는 사람에 의해 발견되는 것이다.

4

폴 발레리는 서양의 회화사를 풍경화가 침투하여 지배해 가는 과정으로 파악했다.

> 풍경이 화가에게 제공한 흥미는 이러한 변천을 거쳐 왔다. 다시 말해 풍경은 원래 그림의 주제를 보조하는 존재로서 주제에 종속되어 있었지만 점차 요정이라도 살 것 같은 환상적인 신천지로 표현되게 되었다. 그리고 마지막에는 인상의 승리가 도래하면서 소재와 빛이 모든 것을 지배했다.
> 그 후 몇 년이 지나지 않아 회화에서는 인간이 존재하지 않는 다양한 세상의 모습이 범람하게 된다. 이는 바다나 숲이나 들판 같은 풍경만으로 대다수 사람의 눈을 만족시키게 되었다는 것을 의미한다. 이러한 경향은 다양하고 중요한 변화의 원인으로 작용했다. 첫째 우리 눈은 생물을 대할 때만큼 나무나 들판에 대해 민감히 반응하지 않기에, 화가는 오직 그런 대상만을 그림으로써 비교적 자의적인 해석이 가능해졌다. 그 결과 화가가 회화에서 제멋대로 독단을 부리는 일이 당연해졌다. 만약 화가가 나무의 가지를

● 풍경의 발견

그리는 것처럼 난폭하게 사람의 손이나 발을 그린다면 우리는 틀림없이 깜짝 놀랄 것이다. 화가의 독단이 가능해진 이유는 우리의 눈이 식물계나 광물계에 속하는 사물의 실제형태를 쉽게 구별하지 못하기 때문이다. 이런 의미에서 풍경 묘사에는 많은 편의가 주어진다. 따라서 누구나 그림을 그릴 수 있게 되었다.[32]

물론 발레리는 풍경화에 대해 부정적인데, 풍경화의 지배를 받은 결과 '예술의 이지적 내용이 감소'했고 예술이 '인간적으로 완전한 자의 행위'라는 점을 잃어버렸다고 말한다. 동시에 그는 이렇게 말한다. "내가 회화에 대해 말한 것은 정말이지 놀랄 정도로 정확히 문학에도 해당된다. 즉 문학에서 묘사의 침략은 회화에서 풍경화의 침략과 거의 동시에 일어났고 같은 방향으로 나아갔으며 같은 결과를 가져왔다."[33]

---

32 ポール・ヴァレリ,「ドガ・ダンス・デッサン」,『ヴァレリ全集』(第十卷, 增補版), 吉田健一訳, 筑摩書房, 1983, 85-86頁(발레리,『드가, 춤, 데생』, 김현 옮김, 열화당, 2005, 113-115쪽).
33 ポール・ヴァレリ,「ドガ・ダンス・デッサン」, 86-87頁(발레리,『드가, 춤, 데생』, 115-116쪽).

메이지 20년대 마사오카 시키의 '사생寫生'에는 그것이 글자 그대로 나타나 있다. 그는 노트를 들고 밖으로 나가 하이쿠라는 형식으로 '사생'할 것을 주장하고 실행했다. 이때 그는 하이쿠의 전통적인 주제를 버렸다. '사생'이란 이제까지 시詩의 주제가 될 수 없었던 것을 주제로 삼는 것이었다. 물론 거기에는 「잊을 수 없는 사람들」에서 볼 수 있었던 일종의 왜곡된 악의는 없으며 오히려 평범한 리얼리즘처럼 보인다. 하지만 '사생' 자체에 돗포와 동일한 성질의 전도가 잠재되어 있다는 사실을 놓쳐서는 안 된다. 그것은 오히려 다카하마 교시[34]에게서 표면화되었다고 하더라도 사생문이 가질 수 있었던 영향력의 비밀은 여기에 있었다. '묘사'란 단순히 외계外界를 그리는 것과는 이질적인 무엇이었다. '외계' 그 자체가 발견되어야 했기 때문이다.

하지만 이것은 단순히 시각의 문제가 아니다. 지각의 양태를 바꾸는 이런 전도는 '밖'도 '안'도 아닌, 오직 기호론적 배치의 전도에서만 일어난다.

우사미 게이지가 시사하는 것처럼 중세 서구의 회화와 '산수화'는 '풍경화'와 비교했을 때 공통된 부분이 존재한다. 즉 모두 '장場'이 초월론적이다. 산수화가가 소나무 숲을

---

34 高浜虛子(1874-1959) 하이쿠 시인 겸 소설가. 마사오카 시키에게 사사했고 하이쿠 잡지 『호토토기스』를 이어받았다.

● 풍경의 발견

그릴 때는 그야말로 소나무 숲이라는 개념(의미되는 것)을 그리는 것이지 실재하는 소나무 숲을 그리는 것이 아니다. 실재하는 소나무 숲이 대상으로 보이려면 이런 초월론적 '장'이 전도되어야 한다. 원근법은 여기서 등장한다. 엄밀하게 말해 원근법이란 이미 원근법적 전도로 출현한 것이다.

하지만 여기서 주의할 점은 중세 서구의 회화와 '산수화'가 '풍경화' 쪽에서 볼 때는 유사하게 보일지라도 실은 이질적이며, 전자에는 '풍경화'를 초래할 요소가 있었지만 후자에는 없었다는 사실이다. 이와 관련해서는 산수화적인 '장場'을 '가라고코로漢意'[35]에 의해 침략을 당한 것으로 비판한 모토오리 노리나가[36]를 예로 들어도 좋다. 노리나가는 일본인이 사물을 볼 때 이미 한문학에서 비롯된 개념을 통해서만 보지만, 『겐지 이야기源氏物語』에는 있는 그대로 사물을 보는 시점이 있다고 주장했다. 물론 노리나가가 근대 서구를 얼마나 의식하고 있었는지와는 별도로, 이와 같은 비판은 어떤 의미에서 근대 서구의 그것과 유사하다. 하지만 이것이 '풍경의 발견'이 되는 것은 결코 아니다. 쓰보우치

---

35 중국풍의 사고방식. 반대되는 개념은 야마토고코로大和心.
36 本居宣長(1730-1801) 에도 중기에 활동한 국학자. 의사로 일하며 30년 여년에 걸쳐 『고사기전』 저술에 전념했고 『겐지 이야기』를 연구한 『겐지 이야기 다마노오구시源氏物語玉の小櫛』 등 많은 저서를 남겼다.

쇼요[37]는 『소설신수小説神髄』(메이지 18년)에서 서구의 '사실주의'를 노리나가의 『겐지 이야기』론과 결부시키고 있다. 하지만 쇼요의 문체와 노리나가의 문체에서는 결코 '풍경'이 나오지 않는다. 그렇다면 '풍경화'가 중세 회화를 전도시켰다고 해도 그 원천이 후자에 있기 때문에 서구만의 고유한 무언가에 의해 생겨났다고 말해야 한다. 이에 대해서는 별도로 논하기로 하자.

일단 명확히 해 둘 점은 방금 전에 인용한 발레리의 생각에는 한 가지 맹점이 존재한다는 사실이다. 그는 자신이 서양회화사 안에 있다는 점을 간과하고 있다. 예컨대 그가 '인간적으로 완전한 자'로 이상화시킨 레오나르도 다빈치의 작품조차도 시키에게는 그저 풍경화에 불과했을 것이다. 따라서 풍경화를 문제 삼으려면 먼저 다빈치를 문제 삼아야 하며, 그러지 않으면 '풍경화의 침략'이 세계적인 규모로 일어난 필연성을 이해할 수 없다.

네덜란드 정신병리학자 반 덴 베르그는 서구에서 풍경이 풍경으로서 처음 그려진 것은 <모나리자>에서라고 말한다. 그는 이것에 대해 이야기하기 전에 먼저 마르틴 루터의

---

37 坪内逍遥(1859-1935) 소설가이자 극작가 겸 평론가. 일본 근대문학의 선구자. 최초의 근대문학론으로 간주되는 『소설신수』를 출간했고 『셰익스피어 전집』을 완역했다.

● 풍경의 발견

『그리스도인의 자유』(1520 년)를 예로 들면서 외적인 것에의 거절, 오로지 신의 말씀만을 따라 살아가는 '내적 인간'을 확인하고 있다. 흥미롭게도 다빈치는 루터가 이와 같은 글을 쓰기 한 해 전에 사망한다. 릴케가 시사한 것처럼 모나리자의 수수께끼 같은 미소는 내적인 자기 self 를 가두고 있는데, 이것은 소위 프로테스탄티즘에서 비롯된 것이 아니라 역으로 프로테스탄티즘이야말로 그것의 명료화다. 반 덴 베르그는 루터의 초고草稿와 모나리자가 본질적으로 같은 것이라고 말하면서 이렇게 덧붙인다.

> 동시에 모나리자는 불가피하게도 풍경에서 소외된 최초의 인물(회화에서)이다. 따라서 그녀의 배경으로 그려진 풍경이 유명해진 것은 당연하다. 이 풍경은 그야말로 풍경이기 때문에 풍경으로서 그려진 최초의 풍경이다. 즉 순수한 풍경이지 인간 행위의 단순한 배경이 아니다. 중세의 인간들이 몰랐던 자연, 자신 안에서 자족하고 있는 외적 자연이어서 인간적인 요소는 원칙적으로 배제되어 있다. 인간의 눈에 비친 가장 기묘한 풍경이다.[38]

---

38 Jan Hendrick Van Den Berg, *Changing Nature of Man: Introduction to a Historical Psychology*, W W Norton & Co Inc, 1983.

물론 이것은 풍경의 맹아에 불과하며 모든 의미에서 풍경화가 지배적이 되려면 19세기까지 기다려야 한다. 하지만 적어도 풍경이 외계에 대한 소원화疏遠化와 극도의 내면화에 의해 발견되는 과정을 정확히 파악하고 있다. 풍경의 발견이 전면적인 규모로 일어난 것은 낭만파에서다. 루소는 『고백』에서 1728년 알프스의 자연과 있었던 합일체험에 대해 쓰고 있다. 알프스는 그때까지 사악한 장애물에 지나지 않았는데, 이후 사람들은 루소가 본 것을 보기 위해 스위스로 쇄도하기 시작했다. 알피니스트 alpinist(등산가)는 말 그대로 '문학'에서 탄생한 것이다. 물론 일본의 '알프스'도 외국인에 의해 발견된 것이며 등산도 그로부터 시작되었다. 야나기타 구니오의 말처럼 등산이란 이전까지 터부나 가치에 의해 구분되어 있던 질적 공간을 변형시키고 균질화시켰을 때 가능한 것이다.

풍경이 일단 눈에 보이게 되면 처음부터 바깥에 있는 것처럼 보인다. 그리고 사람들은 그와 같은 풍경을 묘사하기 시작한다. 이것을 리얼리즘이라고 부른다면, 리얼리즘이란 실은 낭만파적 전도에서 생겨난 것이다.

근대문학의 리얼리즘은 명백히 풍경 안에서 확립되었다. 왜냐하면 리얼리즘에 의해 묘사되는 것은 풍경이나 풍경으

● **풍경의 발견**

로서의 인간(평범한 인간)인데, 이와 같은 풍경은 처음부터 바깥에 있는 것이 아니라 '인간으로부터 소외된 풍경으로서의 풍경'으로 발견되어야 하기 때문이다.

예를 들어 빅토르 쉬클로프스키는 리얼리즘의 본질이 낯설게 하기에 있다고 말한다. 즉 익숙한 탓에 실은 보지 않는 것을 보이게 만드는 것이다. 따라서 리얼리즘에는 일정한 방법이 없다. 익숙한 것을 항상 낯설게 만들어가는 끊임없는 과정인 셈이다. 이런 의미에서 이른바 반리얼리즘, 예를 들어 카프카의 작품도 리얼리즘에 속한다. 리얼리즘이란 단순히 풍경을 그리는 것이 아니라 항상 풍경을 창출하지 않으면 안 된다. 이전까지 사실로서 있었음에도 불구하고 누구도 보지 못한 풍경을 존재하게 만드는 것이다. 따라서 리얼리스트는 항상 '내적 인간'이다.

메이지 26년(1893년)에 기타무라 도코쿠[39]는 이렇게 쓰고 있다.

사실(리얼리즘)은 결국 인정할 수밖에 없다, 다만 사실을 사실대로 보려고 하면 주목했던 부분과 사실

---

39 北村透谷(1868-1894) 일본의 비평가이자 시인. 자유민권운동에 감화되었지만 곧 실망한다. 청일전쟁의 발발과 국수주의에 빠진 일본의 모습에 절망하여 정신적으로 불안정한 상태에 빠졌고, 결국 25살이라는 이른 나이에 자살한다.

간에는 자연히 차이가 생긴다, 그중에는 인간의 추악한 부분만 부각시켜 묘사한 것도 있고 흐트러진 마음의 해부에 진력하는 것도 있다, 이러한 것들은 사실에 치중한 폐해가 심화된 것으로 인생에 유익하지도 않을 뿐더러 우주의 진보에도 도움이 되지 않는다. 나는 사실을 싫어하지 않지만 야비한 목적에 입각한 사실은 아름답고 좋은 것이라고 말할 수 없다. 사실도 결국 열정을 근저에 두지 않으면 사실을 위해 사실을 행하는 폐해를 면하기 어렵다.[40]

도코쿠가 사실의 근저에서 본 '정열'이 무엇을 의미하는지는 이미 명료하다. 그가 말하는 '상세계想世界' 즉 내적인 자아 self 의 우위 속에서 비로소 사실이 사실로서 가능하다는 것이다. 쇼요에게 없었던 것이 바로 이것이다.

그렇다면 낭만파와 리얼리즘을 기능적으로 대립시키는 것은 무의미하다. 대립에만 얽매이면 우리는 대립 자체를 파생시킨 사태를 볼 수 없다. 소세키는 이것을 두 가지 요소로 보고 '비율'로서 이해하려고 했다. 물론 이런 형식주의적인 시점은 대립 자체가 역사적인 것이라는 사실을 보지 않는다.

---

40 北村透谷, 「情熱」, 『透谷全集』(第二卷), 岩波書店, 1950, 298-299頁.

● 풍경의 발견

하지만 적어도 소세키는 대립을 통시적인 문학사 안에서 생각하려고 하지 않았다.

나카무라 미쓰오는 "우리나라의 자연주의 문학은 낭만적인 성격을 지녔으며 외국문학에서는 낭만파가 해낸 역할을 자연주의자가 성취했다."[41]고 말한다. 하지만 구니키타 돗포 같은 작가가 낭만주의인지 자연주의인지 논하는 것은 우스꽝스럽다. 그의 양의성은 낭만파와 리얼리즘의 내적인 연관성을 단적으로 보여줄 뿐이다. 서양의 '문학사'를 규범으로 삼으면, 이런 양의성은 짧은 기간에 서양문학을 수용한 메이지 일본의 혼란한 모습에 지나지 않는데, 오히려 여기에 서양에서는 장기간에 걸쳐 일어나 선線적인 순서에 은폐되어버린 전도의 성질, 다시 말해 서양의 고유한 전도의 성질을 명확히 보여주는 열쇠가 존재한다.

메이지 20년대에 일어난 이 사태를 이해하기 위해서는 리얼리즘과 낭만파라는 개념을 버려야 한다. 하지만 실제 메이지 문학은 소세키가 부정하려 했던 '문학사적 분류'에 의해 논의되고 있다. 그 가운데 예외적인 것으로 시키와 교시의 '사생문'을 통해 이 사건의 본질에 육박하려고 한

---

41 中村光夫, 『明治文学史』, 筑摩書房, 1963, 201頁(나카무라 미쓰오, 『메이지문학사』, 고재석/김환기 옮김, 동국대학교출판부, 2001, 199쪽).

에토 준[42]의 「리얼리즘의 원류」를 들 수 있다. 이 글에서 에토는 '묘사'가 사물을 그리는 것이 아니라 '사물' 그 자체의 출현에 있다는 것, 그러므로 '사물'과 '언어'의 새로운 관계가 출현한다는 사실을 인식하고 있다.

그것은 인식의 노력이며 붕괴 후 출현하는 명명할 수 없는 새로운 사물에 억지로 이름을 붙이려는 시도다. 다시 말해 인간의 감수성이나 언어와 사물 사이에 새롭게 생생한 관계를 세우려는 '갈망'의 표현이기도 하다. 리얼리즘이라는 새로운 이론이 서양에서 들어왔기 때문에 리얼리즘으로 하겠다는 말이 아니다. "모르겠느냐, 두 사람이 신기축新機軸[43]을 내놓는 것은 꺼지려는 등불에 한 방울의 기름을 떨어뜨린 것과 같다는 사실을." 시키는 그들이 사물과 직면할 수밖에 없는 장소에 있기 때문에 '신기축'을 세웠다고 주장한다.

따라서 교시도 가와히가시 헤키고토[44]도 '고래古來부터의 흔한 하이쿠'를 버리고 '사생'으로 향할

---

42 江藤淳(1932-1999) 전후 일본을 대표하는 비평가. 대표작으로 『고바야시 히데오』, 『소세키와 그의 시대』 등이 있다.
43 새로운 방법, 혁신이라는 의미.
44 河東碧梧桐(1873-1937) 하이쿠 시인. 마사오카 시키에게 사사했고 신경향 하이쿠를 제창했다.

● **풍경의 발견**

수밖에 없었다. 시키는 바쇼가 확립하고 부손이 개화시킨 하이카이俳諧의 세계가 에도시대의 세계상과 함께 '지금 끝나려' 할 때 그것 말고 하이쿠를, 아니 문학을 소생시킬 수단이 있는지 필사적으로 반문하고 있다고 생각된다.[45]

물론 에토 준의 말대로 시키와 쿄시 사이에는 미묘한 차이가 있었다. 시키에게 '사생'의 객관성은 자연과학적인 것에 가까운 것이었고 거기서 "언어는 언어로서의 자율성을 박탈당하고 무한히 일종의 투명한 기호에 다가간다."[46] 그런데 시키와 쿄시의 '대립'은 '풍경'(에토 준이 말하는 사물)의 출현에서만 나타나는 동시적인 것이다.

구니키타 돗포는 당연히 '사생문'의 영향을 받았다. 하지만 '문학사'에서 말하는 '영향'이라는 개념을 차치하고 보면 메이지 20년대에 그들이 각기 만난 것이 '풍경'이라는 점은 의심의 여지가 없다. 에토 준이 말하는 '리얼리즘의 원류'는 동시에 '낭만주의의 원류'이기도 하고, 내가 그것을 '풍경의 발견'으로서 말하는 것은 문학사=문단사적 당파성을 배제하

---

45 江藤淳, 「リアリズムの源流」, 『リアリズムの源流』, 河出書房新社, 1989, 27頁.
46 江藤淳, 「リアリズムの源流」, 29頁.

기 위해서일 뿐만 아니라 이미 '풍경'을 통해 생겨난 인식적 배치에 익숙해져버린 우리의 기원을 묻기 위해서다.

5

 이미 이야기한 것처럼 리얼리즘과 낭만주의가 어떤 사태에서 파생된 것이라면, 그것들은 '문학사'적인 개념일 수 없다. 예를 들어 해럴드 블룸[47]은 우리는 낭만파 안에 있으며 그것에 대한 부정 자체가 낭만파적인 것이라고 말하고 있다. T.S. 엘리엇도 사르트르도 레비-스트로스도 낭만파에 속한다. 반낭만파적인 것이 낭만파의 일부에 지나지 않는다는 것은 윌리엄 워즈워스의 『서곡』이나 철학에서 그에 상당하는 헤겔의 『정신현상학』을 보면 알 수 있다. 이 책들에는 이미 낭만파적인 주관적 정신에서 객관적 정신으로의 '의식의 경험'이나 '성숙'이 쓰여 있다. 즉 우리는 여전히 반낭만파적인 것 자체가 낭만파적이라는 '낭만파의 딜레마'에 속해 있다. 그런데 이는 '리얼리즘의 딜레마'라고 바꿔 말해도 무방하다. 왜냐하면 리얼리즘은 익숙한 것을 낯설게 하려는 끝없는 운동이며 반리얼리즘이야말로 리얼리즘의 일환―環에 지나지 않기 때문이다. 이런 곤란이 어떤 것인지 이해하기

---

[47] Harold Bloom(1930-2019) 미국의 문학연구자 겸 비평가. 주요 저서로는 『영향에의 불안』 등이 있다.

위해서는 물론 협의의 낭만주의나 리얼리즘 같은 개념으로부터 벗어나야 한다.

예를 들어 「잊을 수 없는 사람들」에서 주인공은 이전까지 중요하게 생각했던 사람들을 잊고, 자신과 아무 상관도 없는 사람들이 '잊을 수 없는' 사람이 된다. 이는 풍경화에서 배경이 종교적이고 역사적인 주제를 대신하는 것과 같다. 주목할 점은 이때 평범하고 무의미하게 보이던 사람들이 매우 의미있는 존재로 보이기 시작했다는 것이다. 야나기타 구니오가 쇼와昭和[48]에 들어서서 상민常民[49]으로 명명한 사람은 common people이 아니라 위와 같은 가치의 전도에 의해 보이게 된 풍경이다. 그리고 그런 이유에서 야나기타는 초기에 사용한 평민과 농민과 같은 구체적인 대상을 지시하는 단어를 거부해야 했다.

나카무라 미쓰오는 그것을 정확히 지적하고 있다. "그(야나기타)가 민속학에 뜻을 둔 동기에는 '평범한 사람의 전기凡人の伝'에서 시詩를 느끼고 "이 강가 초가집에 사는 일가족의 역사는 어떠한 것인가. 이 늙은 남편의 전기傳記는 어떠한 것인가. 저 돌멩이 하나에 인정人情의 기념이 투영되어 있는

---

48 1926년에서 1989년까지 사용된 일본의 연호.
49 야나기타가 만든 신조어로 지금까지도 많은 논란을 불러일으키고 있다.

● 풍경의 발견

것이 아닌가…… 이곳에 자연과 인정과 신神이 쓴 기록이 존재한다"고 외친 돗포와 공통된 부분이 존재한다고 생각한다."[50]

민속학이 탄생하기 위해서는 대상이 먼저 존재해야 한다. 대상으로서의 상민常民은 이렇게 발견된 것이다. 야나기타 구니오에게서 풍경론과 민속학이 항상 결부되는 것은 그 때문이다. 그리고 그의 민속학 대부분이 '언어' 문제라고 해도 좋은 이유는 다카하마 교시가 느꼈던 것처럼 풍경이란 곧 언어의 문제였기 때문이다.

야나기타의 풍경론은 별도로 논하기로 하고 여기서 주목해야 하는 것은 그에게 '민民'이란 '풍경'으로서의 '민' 이전에 유교적인 '경세제민經世濟民'의 '민'이었다는 사실이다. 이러한 이중성이 야나기타의 사상을 양의적으로 만들고 있다. 이런 양의성은 '야나기타주의柳田主義' 안에서 사라지지만, 야나기타는 '메이지의 인간'(소세키) 다시 말해 '풍경' 이전의 세계에 충분히 속해 있었다.

오히려 대중과 평범한 생활인을 순수한 풍경으로 발견한 것은 고바야시 히데오다. 마르크스주의에서 프롤레타리아트는 당연히 낭만적인 풍경이었다. 하지만 그것과 다른 관념

---

50 中村光夫, 『明治文学史』, 152頁(나카무라 미쓰오, 『메이지문학사』, 153쪽).

과 이데올로기에 속하지 않는 굳건한 생활인이라는 이미지도 비록 반낭만주의적이라 할지라도 역시나 낭만파적인 것이다. 프롤레타리아트가 실재하지 않는다면 그러한 대중도 실재하지 않는다. 이런 점에서는 요시모토 다카아키가 말하는 '대중의 원상原像'도 마찬가지로 '상像'으로서 존재하는 것이다.

고바야시 히데오의 비평은 '낭만파의 딜레마'를 전면적으로 보여주고 있다. 그에게 "시대의식은 자의식보다 크지도 작지도 않다."[51] 달리 말하자면 우리가 '현실'이라 부르는 것은 이미 내적인 풍경에 다름 아니며 결국은 '자의식'인 것이다. 고바야시 히데오가 끊임없이 반복해 온 것은 '객관적인 것'이 아니라 '객관'에 도달하려는 것, '자의식이라는 구체球體를 파괴하는' 것이었다. 하지만 그런 시도가 불가능하다는 것을 고바야시 히데오만큼 잘 알고 있는 사람은 없었다. 예를 들어 그의 『근대회화』는 풍경화론임과 동시에 거기에 존재하는 '원근법'에서 벗어나려는 끝없는 인식적 격투의 서술이다. 하지만 고바야시 히데오만이 아니라 『근대회화』의 화가들도 '풍경'에서 벗어날 수 없었고 그들이 일본

---

51 小林秀雄,「様々なる意匠」,『小林秀雄全作品』(第1集), 新潮社, 2002, 143頁(고바야시 히데오,「각양각색의 의장」, 유은경 옮김,『고바야시 히데오 평론집』, 소화, 2003, 20쪽).

의 우키요에浮世絵나 아프리카의 원시예술에 주목한 것조차 '풍경' 속에서 일어난 사건이었다. 어느 누구도 그로부터 자유롭지 않다. 내가 여기서 하는 작업은 풍경이라는 구체에서 벗어나는 것이 아니다. 이 '구체' 자체의 기원을 밝히는 것이다.

6

일단 풍경이 성립하면 그 기원은 망각된다. 그러면 풍경은 처음부터 외적으로 존재하는 객관물처럼 보인다. 그런데 객관물 object 은 오히려 풍경 안에서 성립한다. 주관이나 자기 self 도 마찬가지다. 주관(주체)과 객관(객체)이라는 인식론적인 장場은 '풍경'에서 성립한 것이다. 즉 처음부터 있었던 것이 아니라 '풍경' 안에서 파생된 것이다.

에도시대의 회화에 원근법이나 거리의식이 결여되어 있는 것은 그들이 풍경을 가지고 있지 않았다는 말인데, 이는 서구의 중세 회화에 대해서도 똑같이 말할 수 있다. 이미 시사한 것처럼 둘 간의 차이가 중요하다고 해도 말이다. 따라서 회화에서 발생한 일은 완전히 똑같이 철학에서도 발생한다. 데카르트의 코기토는 말하자면 원근법의 산물이다. "나는 생각한다"고 말하는 주체는 원근법에 의해 불가피하게 돌출된 것이다. 그리고 바로 그때 사유된 대상이 균질적이고 물리학적인 것으로서 즉 연장으로서 나타나게 되었다. 이것은 <모나리자>에서 배경이 비인간화된 풍경으로서의 풍경이 된 것과 같다.

● **풍경의 발견**

S.K. 랭거[52]는 풍경 위에서 공회전하면서 벗어나지 못하는 막다른 골목과 같은 '근대철학'의 상태를 다음과 같이 요약하고 있다.

> 수세기 동안 전통은 아무런 결실을 맺지 못하고 억지논리로 철학적 당파성이 이어지고 있었지만, 마침내 르네상스에 태어난 이름도 없고 이단적이고 종종 일관성을 결여한 견해가 일반적이고 궁극적인 문제로 등장했다. 하나의 새로운 인생관이 인간정신에게 이런 혼미한 세계에 질서를 구축하도록 촉구했다. 이렇게 '자연철학과 정신철학'의 데카르트 시대가 철학의 영역을 계승하게 되었다.
>
> 이 새로운 시대는 모든 실재를 각각 내적 경험과 외적 세계, 주관과 객관, 개인적 실재와 공공적 진리로 이분하는 강력하고 혁명적인 창조적 관념을 손에 넣었다. 오늘날 이미 전통적인 것이 된 인식론의 용어 자체가 이런 근본적 개념의 비밀을 밝혀준다. 우리가 '소여所與given', '감각자료sense-data', '현상the phenomenon', '타아他我other selves' 등을 말할 경우, 우리는 당연히 내적 경험의 직접성과 외적

---

52 Susanne Langer(1895-1985) 미국의 철학자. 대표작으로 『예술이란 무엇인가』, 『상징의 철학』 등이 있다.

세계의 연속성을 예상한다. 이어서 제시하는 기본적인 물음은 이런 용어들의 조합이다. '현실에서 인간의 정신에 주어진 것은 무엇인가', '감각자료가 진짜임을 보증하는 것은 무엇인가', '현상에 대해 관찰 가능한 질서의 배후에 숨어있는 것은 무엇인가', '정신과 두뇌의 관계는 무엇인가', '우리는 어떻게 타아를 알 수 있는 것일까' — 이는 모두 오늘날도 똑같이 문제가 되는 것들이다. 그리고 이 문제들에 대한 해답은 정교하게 다듬어져 몇 가지 잘 정리된 사상체계가 되었다. 요컨대 경험론, 관념론, 실재론, 현상학, 실존철학, 논리실증주의 등이 바로 그것이다. 이러한 학설 중에 가장 완전하고 특징적인 것은 제일 초기의 것, 즉 경험론과 관념론이다. 이것들은 오로지 경험 experience이라는 새로운 창조적 관념에 근거한 강력한 정식화이다. 이것의 주창자들은 데카르트적인 방법에서 영감을 받은 열광자였으며, 그들의 학설은 그러한 출발점에서 그와 같은 원리를 이용해 그 안에 분명히 포함되어 있던 것을 도출해낸 것이다. 각 학파들은 계속해서 지식계급을 매료시켰다. 대학만이 아니라 문인 그룹도 낡고 고리타분했던 개념으로부터의 해방을, 사람들의 의지를 저하시키는 탐구의 한계로부터의 해방감을 느꼈고 생활, 예술, 행동을 한층 진실한 방향으로 설정할 수 있을 것이라는 희망을 안고 새로운 세계상을 환영했다.

하지만 얼마 있지 않아 그런 새로운 세계상에 내재된 혼란과 어두운 그림자가 분명해졌다. 그리고 그 이후의 학설은 주관과 객관의 이분법에서 생겨난 딜레마(화이트헤드 교수는 이를 '자연의 두 갈래the bifurcation of nature'라고 부른다)를 다양한 방법으로 피하려 했다. 그 후 모든 학설은 점점 세련되고 신중해지고 교묘해졌다. 이제 어느 누구도 아무 거리낌 없이 관념론자가 될 수 없을 뿐만 아니라 전면적으로 경험론에 동의할 수 없다. 오늘날 '비판적' 또는 '신新'실재론이 '소박'실재론으로 알려져 있는 초기의 실재론의 자리를 대신하고 있다. 많은 철학자는 어떤 체계적인 세계관도 격렬하게 부정하고 원칙적으로 형이상학을 부인한다.[53]

하지만 오늘날의 철학이 '풍경' 안에서 밖으로 나가려고 애를 쓰는 한, 결코 그곳에서 빠져나올 수 없다. 근대화가가 원시예술을 받아들인 것처럼 철학이 '야생의 사고'(레비-스트로스)를 받아들일지라도 결국은 똑같을 것이다. 레비-스트로스 안에서는 최첨단 테크놀로지와 루소적인 낭만주의

---

53 S. K. ランガ, 『シンボルの哲学』, 矢野萬里他訳, 岩波書店, 1960, 11-13頁.

가 역설적으로 결부되어 있다. 하지만 그것들은 모두 '풍경'의 산물이다. 필요한 것은 이런 '풍경' 자체의 기원(역사성)을 밝히는 것이다.

각기 다른 의미에서지만 서구에서 그것을 '문제화'한 사람은 마르크스, 니체, 프로이트라고 말할 수 있다. 예를 들어 니체는 인식론적 구도 자체를 '원근법적 도착'이라고 불렀다. 원근법 자체가 원근법적 도착이자 '내면화'의 산물이라고 생각했다. 즉 자기, 코기토, 의식, 내부라는 것이 내향적인 전도에서 성립되었다는 말이다.

물론 소세키는 서구적인 것의 역사성을 밝히기 위해 초기 그리스까지 소행해야 했던 니체와 다르게 '근대문학'이나 '풍경' 이전의 존재감각을 유지하고 있었다. 그 자신이 '풍경의 발견'이 일어난 시대를 살았던 것이다. 여기서 우리는 다시 서구에서는 수세기가 걸렸던 탓에 망각된 일이 일정 기간에 한꺼번에 발생하고 있는 모습을 목격할 수 있다.

메이지 20년대는 흠정헌법 발포를 시작으로 근대국가로서 여러 제도가 일단 확립된 시기이다. 나카무라 미쓰오는 "메이지 10년대가 일종의 질풍노도의 시기라고 한다면 20년대는 통제와 안정의 시기라 할 수 있다"[54]고 말한다. 메이

---

54 中村光夫,『明治文学史』, 132頁(나카무라 미쓰오,『메이지문학사』, 133쪽).

● 풍경의 발견

지 이후에 자라난 사람들에게는 이런 질서가 이미 견고해 보였다. 혹은 메이지 유신 후의 가역적인 가능성이 이미 닫혀버린 것으로 보였다.

나카무라 미쓰오는 메이지 10년대의 자유민권운동에 대해 다음과 같이 설명하고 있다.

> 이 운동은 어쨌든 메이지유신이라는 커다란 개혁의 논리적 발전이었고, 여기에는 이런 사회혁명을 통해 눈을 뜬 민중의 커다란 희망이 걸려 있었기 때문이다. 이 운동으로 인해 이제까지 사족士族의 전유물이었던 유신維新 정신이 마침내 민중으로 침투하고 있었기 때문에, 모든 혁명을 야기하는 요소로 그 운동 안에 포함되어 있었던 좌절이란 진행 도중에 바뀌어버린 이상주의의 파멸이었다. 사족의 궁핍이 크게 사회문제가 된 것은 메이지 원년인데, 이는 그들 사이에서 득의에 찬 소수파와 실의에 빠진 다수파가 생겨났다는 의미일 뿐, 정치와 문화의 지배권은 여전히 사족의 수중에 있었다. 그런데 세이난西南전쟁[55]을 거쳐 메이지 17, 8년 무렵이 되면 사족이라는

---

[55] 메이지 10년 사이고 다카모리西鄕隆盛 등이 가고시마에서 일으킨 반란. 사족에 의한 최대이자 최후의 반란으로, 정부가 이 반란을 제압하자 반정부운동은 자유민권운동으로 방향을 선회하였다.

계급 자체가 해소되는 경향이 뚜렷해지고, 학생들 사이에서도 평민의 자식이 점차 늘어나 메이지 사회는 무사 출신이 만들어낸 조닌町人국가로서의 면모를 점차 드러내게 된다.

마침내 여기서 실리와 출세주의가 지배하는 군국주의가 출현하는데, 유신의 기풍을 이어받은 청년들에게는 이에 반대하는 자유와 민권이라는 환상이 목숨을 걸만하다고 믿었던 마지막 이상이었다. 따라서 그것이 상실된 후 지우기 어려운 형태로 남은 정신적 공백은 머지않아 정치소설과는 전혀 다른 형태로 표현의 길을 발견했다.[56]

어떤 의미에서 이것은 소세키에게도 그대로 적용된다. 소세키는 마사오카 시키, 후타바테이 시메이, 기타무로 도코쿠, 구니키타 돗포와 같은 동시대인이 실천적으로 고투하고 있을 때 '양학대洋學隊 대장'으로서의 길을 걸으면서 항상 도망치고 싶다는 충동에 휩싸였다. 그가 할 수 있었던 일은 이미 자신이 선택한 '영문학'에 대해 결론을 내리는 일이었기에 '이론적'일 수밖에 없었다. 그런데 소설가로서의 소세키는 이 시기 '선택'과 '늦음'이라는 문제를 고집하고 있었던

---

56 中村光夫, 『明治文学史』, 72-73頁(나카무라 미쓰오, 『메이지문학사』, 73쪽).

● 풍경의 발견

것으로 보인다. 그 점에서 보면 소세키가 '한문학'으로 상징한 것은 오히려 여러 근대적 제도가 확립되기 이전의 분위기였다고 해야 한다. 이는 '정치소설'이 유행한 시기에 해당된다. 그리고 소세키가 말하는 "문학에 속았을지도 모른다"는 감각은 성립한 제도가 기만에 지나지 않았다는 것과 대응한다.

하지만 '풍경의 발견'이라는 문제에 '정치적 좌절'이나 기독교의 영향과 같은 이유를 들 수는 없다. 그것들은 심리적 원인과 관련이 있는 것으로, '심리적 인간'이야말로 실은 이 시기에 비로소 등장한 것이다. 즉 '심리'를 독립된 어떤 차원으로 보는 심리학이야말로 역사적인 것이다. 메이지 20년대에서 중요한 점은 근대적 제도가 확립됐다는 것과 '풍경'이 단순히 반제도적인 것으로서가 아니라 그야말로 제도 자체로서 출현했다는 사실이다.

근대문학을 다루는 문학사가는 '근대적 자기'를 단순히 머릿속에서 성립된 것으로 간주한다. 하지만 이미 지적한 것처럼 자기 self가 자기로서 존재하려면 또 다른 조건이 필요하다. 예를 들어 프로이트는 니체와 마찬가지로 '의식'을 처음부터 존재하는 것이 아니라 '내면화'의 파생물로 보는 시점을 취하고 있다. 프로이트는 내부와 외계의 구분이 없이 외계가 내부의 투사인 상태에서 외상(트라우마)을 입어

리비도가 안으로 향했을 때 내면이 내면으로서 외계가 외계로서 존재하기 시작한다고 생각했다. 단 프로이트는 이렇게 덧붙이고 있다.

> 추상적 사고언어가 완성된 후에야 비로소 언어표상의 감각적 잔재가 내적인 현상과 결부되었고, 그것을 통해 내적인 현상 자체가 점차 지각되었다.[57]

프로이트식으로 말하면 정치소설이나 자유민권운동으로 향했던 리비도가 그 대상을 잃고 안으로 향했을 때 '내면' 내지는 '풍경'이 출현했다고 말할 수 있다. 하지만 반복하자면 프로이트는 심리학이 역사적인 것이라는 점, 다시 말해 그 자체가 '풍경'과 마찬가지로 어떤 제도 안에서 출현했다는 사실을 보고 있지 않다. 예컨대 모리 오가이가 '역사소설'에서 쓴 것은 비非'심리적 인간'이었다. 만년의 오가이는 가능한 한 '풍경'과 '심리' 이전으로 소행하려고 했다. 우리가 심리학적이라고 볼 수 있는 작가는 메이지 20년대 이후의

---

57 フロイト, 「トーテムとタブー」, 『フロイト著作集 3』, 人文書院, 1969, 203頁(프로이트, 「토템과 터부」, 『종교의 기원』, 이윤기 옮김, 열린책들, 2003, 117쪽).

● 풍경의 발견

문학가들뿐인데, 그것으로는 '심리적 인간' 자체를 발생시킨 이런 사태를 볼 수 없다.

하지만 프로이트의 이야기에서 가장 중요한 것은 '내부'(따라서 외계로서의 외계)란 '추상적 사고언어가 완성된 후에야 비로소' 가능하다고 말하는 부분이다. 우리의 문맥에서 '추상적 사고언어'에 해당하는 것이 무엇인가 하면, '언문일치'가 아닐까 한다. 메이지 20년 전후에 일어난 다양한 근대적 제도의 확립이 언어 레벨에서 나타난 것이 언문일치이다. 당연한 말이지만 언문일치란 말言을 글文에 일치시키는 것도 글을 말에 일치시키는 것도 아니다. 새로운 '말言=글文'의 창출이다.

물론 언문일치가 헌법제도와 마찬가지로 '근대화'의 노력이라면 결코 '내부'의 언어가 될 수 없다. 오히려 오가이나 도코쿠처럼 이 시기 '내향적' 작가들은 문어체로 향했고 '언문일치' 운동 자체도 금방 시들해졌다. 다시 불이 붙기 시작한 것은 이미 교시와 돗포의 시기인 메이지 20년대 말이다.

물론 예외적인 작품으로 후타바테이 시메이의 『뜬구름浮雲』(메이지 20-22년)을 들 수 있다. 그러나 러시아어로 글을 쓸 때는 '내부'와 '풍경'을 가지고 있었던 그도 막상 일본어로 쓰려고 하자 곧바로 닌조본[58]이나 바킨의 문체에

휩쓸려버리고 말았다. 그의 고통은 '풍경'을 이미 발견했지만 정작 그것을 일본어에서는 발견할 수 없었다는 부분에 있다. 하지만 돗포가 활동한 시기에는 더 이상 그런 고민을 할 필요가 없게 된다. 실제로 돗포가 영향을 받은 것은 『뜬구름』이 아닌 후타바테이가 번역한 투르게네프의 「밀회」[59] 등의 문체였다.

돗포에게 내면은 말(음성)이었고 표현이란 그 음성을 외화外化하는 것이었다. 이때 '표현'이라는 사고가 비로소 존재할 수 있었다. 그 이전 문학은 '표현'으로서 논할 수 없었다. '표현'은 언=문이라는 일치를 통해 존재할 수 있었다. 돗포가 후타바테이와 같은 고통을 느끼지 않은 것은 '언문일치'가 근대적 제도라는 사실이 망각되었기 때문이다. 이때는 이미 '내면' 자체의 제도성과 역사성이 망각된 상태였다. 말할 것도 없이 우리 역시도 그런 지층地層 위에 있다. 우리를 가두고 있는 것이 무엇인지를 밝히기 위해서는 그 기원을 물어야 하는데, 그 열쇠는 '언어'가 노출됨과 동시에 은폐된 이 시기를 다시금 검토하는 데 있다.

---

58 人情本, 에도시대 일상생활에서 일어나는 서민들의 연애를 묘사한 풍속소설.
59 투르게네프의 연작소설 『사냥꾼 일기』에 수록된 단편소설.

무라카미 하루키의
풍경

村上春樹の風景

● 무라카미 하루키의 풍경

I

1

무라카미 하루키의 『1973년의 핀볼』에는 고유명이 결여되어 있다. 이는 데뷔작 『바람의 노래를 들어라』에서 『세계의 끝과 하드보일드 원더랜드』에 이르는 작품의 공통된 특징이다. 그런데 『1973년의 핀볼』이 주목할 만한 가치가 있는 것은 예외적으로 나오코直子라는 이름이 등장하기 때문이다. 그것은 자살한 여자의 이름이다. 주의 깊은 독자라면 『노르웨이의 숲』의 여주인공이 그 이름으로 등장한다는 사실을 눈치챘을 것이다. 『노르웨이의 숲』은 일반적인 고유명이 등장하는 작품이어서 그에 상응하여 이전의 작품들과는 자릿수가 다른 독자를 획득했다.

무라카미가 『1973년의 핀볼』을 쓴 시점에서 앞으로 쓸 작품을 계획하여 나오코라는 이름을 제시했는지 어떤지는 명확하지 않으며 그것을 탐색하는 일도 중요하지 않다. 여기서는 일단 나오코라는 이름이 매우 두드러져 보일 정도로 일반적인 고유명이 배제되고 있다는 사실만 보면 된다. 같은 이야기를 『1973년의 핀볼』이라는 타이틀에 대해서도 말할 수 있다. 무라카미 하루키가 오에 겐자부로의 『만엔원년의 풋볼』을 패러디하여 그와 같은 이름을 붙였는지 어떤지는 아무래도 좋다. 사실로서 그렇게 된 것에 주목하여 두 작품의 비교가 무엇을 명백하게 드러내는지를 보면 된다.

 예를 들어 오에 겐자부로의 작품에 고유명이 없다는 사실과 무라카미 하루키의 작품에 고유명이 없다는 사실은 전혀 다른 의미를 지닌다. 『만엔원년의 풋볼』의 다카시와 미쓰사부로[1], 또는 후자의 별명인 쥐는 타입명이다. 하지만 무라카미의 초기 3부작에 등장하는 쥐라는 이름은 그 이름을 가진 인물의 외형이나 성격과는 아무런 관계가 없다.

---

[1] 『만엔원년의 풋볼』(1967)에 등장하는 형제의 이름. 형 미쓰사부로 蜜三郎와 동생 다카시鷹四는 그들의 이름대로 성격을 드러내고 있다. 형 미쓰蜜가 내향적이고 비행동적인 데 반해, 동생 다카鷹는 폭력적이고 행동적이다. 그들의 성姓은 네도코로根所. 자세한 내용은 『역사와 반복』에 실린 「오에 겐자부로의 알레고리」 참조.

"날 쥐라고 불러줄래." 그가 말했다.
"왜 그런 이름을 붙였지?"
"잊었어. 매우 오래전 일이라서. 처음에 그렇게 불렸을 때는 싫기도 했지만 지금은 아무래도 상관없어. 뭐든 익숙해지기 마련이니까."[2]

『만엔원년의 풋볼』의 쥐가 그 이름에 집착해 역으로 '쥐의 아이덴티티'를 발견하는 것과는 대조적으로, 하루키 소설에 등장하는 쥐는 아무런 의미도 없는 그저 분별적인 기호에 불과하다. 그것은『1973년의 핀볼』에서 쌍둥이 자매에 붙여진 이름과 기본적으로 다르지 않다. 그들은 '나'에게 208과 209라고 불린다. "그렇지만 나는 어쩔 수 없이 두 사람을 구별해야 할 필요가 있을 때에는 번호에 의지할 수밖에 없었다. 두 사람을 식별할 수 있는 방법이 그것 이외에 전혀 없었기 때문이다."[3]

---

[2] 村上春樹,『風の歌を聴け』(1979), 講談社文庫, 1982, 20頁 (무라카미 하루키,『바람의 노래를 들어라/1973년의 핀볼』, 윤성원 옮김, 문학사상사, 20쪽). 참조한 한국어본은『바람의 노래를 들어라』와『1973년의 핀볼』이 합본된 책으로, 인용에서는 해당 작품명과 쪽수만으로 표기한다.
[3] 村上春樹,『1973年のピンボール』(1980), 講談社文庫, 1983, 37頁 (무라카미 하루키,『1973년의 핀볼』, 158쪽).

이름은 여기서 구별되지 않는 것을 식별하는 시차視差적 기호에 지나지 않는다. 즉 고유명은 언어 일반으로 해소되고 있다. 이런 사고는 소쉬르 이후의 언어학에서 흔하다. 언어라는 시차적 체계에 의해 분절 articulate 될 때 비로소 대상이 인지되는 것이지 이미 있는 대상에 이름이 붙여지는 것이 아니다. 그리고 이런 분절 = 차이화는 공간적인 것만이 아니라 시간성에도 들어맞는다. 쌍둥이 자매와 동거하는 '나'는 '시간에 대한 감각'을 잃기 시작한다.

 쌍둥이라는 상황이 어떤 것인지는 내 상상력을 훨씬 넘어선 문제이다. 그러나 만약 나에게 쌍둥이 형제가 있어서 우리 두 사람의 모든 것이 같았다고 한다면, 분명 나는 심한 혼란에 빠졌을 것이다. 어쩌면 나 자신에게 어떤 문제가 있기 때문일지도 모른다.
 그렇지만 그녀들은 매우 평온하게 지내고 있었고, 내가 그녀들을 분간할 수 없다는 사실을 깨닫고 매우 놀라 화까지 냈다.
 "그렇지만 전혀 다르지 않아?"
 "완전히 다른 사람이야."
 나는 아무 말도 하지 않고 어깨를 움츠렸다.

● 무라카미 하루키의 풍경

두 사람이 내 방에 들어오고 난 뒤 얼마나 시간이 흘렀는지 알 수가 없다. 그녀들과 살기 시작한 후 내 안의 시간에 대한 감각은 눈에 띄게 후퇴하고 있었다. 그것은 정확히 세포분열에 의해 증식하는 생물이 시간에 대해 갖는 감정과 같은 것은 아니었을까? 하는 느낌이 들었다.[4]

그러나 이것은 소쉬르적인 것이라기보다 '나'가 열심히 탐독하고 있는 『순수이성비판』의 인식이다. 칸트에 따르면 우리는 세계 자체(물자체)를 알 수 없다. 세계는 감각기관을 통해 주어지지만, 그것을 대상으로서 인식하는 것은 선험적 형식을 통해 그것을 구성함으로써다. 현대풍으로 바꿔 말하면, 우리는 임의의 시차적 체계인 언어를 통해 세계를 파악하는데, 시간만이 아니라 '나'도 그렇다. 주체가 있어서 '나'라고 불리는 것이 아니라 '나'라는 말에 의해 주체가 존재하기 시작하는 것이다.

이렇게 무라카미 하루키의 '나僕'는 '나私' 따위는 없는 것처럼 말한다. 오에 겐자부로의 '나僕'가 이 세계(작품세계)에 소속된다기보다 세계상황 자체라고 한다면, 무라카미의

---

4 村上春樹, 『1973年のピンボール』, 30-31頁(무라카미 하루키, 『1973년의 핀볼』, 152-153쪽).

'나'는 그 자신이 임의적이라는 것을, 바꿔 말해 세계상황 자체가 임의적이라는 것을 끊임없이 말하고 있다.

'나'는 아무것도 판단하지 않고 아무것도 주장하지 않는다. 하지만 곳곳에 판단과 주장이 있다. 그것은 대개 취미판단에 관한 것이다. 칸트의 '비판'은 형이상학적 독단을 '초월론적으로' 판단하여 인식의 기초를 확고히 만든 것으로 간주된다. 그렇기 때문에 말하자면 취미판단의 초월론적 비판인 『판단력비판』은 부차적인 마지막 저술처럼 간주되고 있다. 그러나 원래 '비판'이라는 말은 취미판단의 영역에서 온 것이다. 취미의 영역에는 확실한 기준이 없다. 어떤 의견도 결국 '독단과 편견'에 지나지 않는다. 칸트는 진리나 선의 영역이 실은 취미판단의 영역에 지나지 않는다고 간주하고 모든 판단을 취미판단과 같은 것으로 보려고 했다. 이것이 바로 '비판'이다. 그렇다면 여기서 모든 것을 미적 취미판단에 종속시키는 독일 낭만파가 파생되어도 이상하지 않다.

이런 의미에서 무라카미의 '나'는 칸트의 『순수이성비판』을 '정확히' 읽고 있다고 해도 좋다. '나'는 모든 판단을 취미, 그러니까 '독단과 편견'에 지나지 않다고 간주하는 어떤 초월론적 주관인 것이다. 그것은 경험적 주관(자기)이 아니다. 무라카미의 작품은 매우 사적인 인상을 주지만 사소설이 아니다. 사소설이 전제하고 있는 경험적인 '나'가 부정

● 무라카미 하루키의 풍경

되고 있기 때문이다. '나'는 어지러이 흐트러져 있다. 그러나 여기에는 그렇게 어지러이 흐트러진 '나'를 냉정하게 주시하는 초월론적 자기가 존재한다.

오에 겐자부로의 '나'가 언어의 알레고리적 횡단이나 어긋남을 가져오는 장치인 데 반해, 무라카미의 작품에서 언어는 이런 초월론적 주관에 의해 항상 통제되고 있다. 언어가 어지러이 흐트러진 것처럼 보이지만, 그것은 그저 이런 초월론적 주관의 확실함을 역으로 증명하기 위한 것에 불과하다.

2

나는 후타바테이 시메이의 『뜬구름』에서 평범한 이름이 등장하는 것을 근대소설의 징후로 보았다.[5] 하지만 이것은 아직 고유명 그 자체의 부정은 아니다. 그것이 처음으로 발견된 것은 아마 구니키다 돗포国木田独歩의 「잊을 수

---

5 "일본에서 최초의 근대소설이라고 이야기되는 후타바테이 시메이의 『뜬구름』(1887년)에 등장하는 주인공의 이름은 우쓰미 분조内海文三다. 야나기타 구니오는 이 작품을 읽고 보통의 평범한 인물이 주인공이 된 것에 놀랐다는 취지의 글을 쓰고 있는데, 실은 분조라는 평범한 이름에 놀라야 했을 것이다."(「오에 겐자부로의 알레고리」 중에서)

없는 사람들」(메이지 31년)에서일 것이다. 이 작품에서 주인공 오쓰大津는 가메야亀屋라는 여관에서 알게 된 아키야마秋山라는 남자에게 '잊을 수 없는 사람들'에 대해 말한다. '잊을 수 없는 사람들'이란 잊어서는 안 되는 중요한 사람들이 아니라 무의미한, 어떻게 되든 상관이 없지만 잊을 수 없는 사람이다. 그것은 사람이라기보다 '풍경'이다. 그리고 이 작품의 결말은 다음과 같다.

> 그 후 두 해가 지났다.
> 오쓰는 사정이 생겨 도호쿠東北의 어느 지방에 살고 있었다. 미조구치의 여관에서 처음 만난 아키야마와의 교제는 완전히 끊긴 상태였다.
> 마침 오쓰가 미조구치에 묵었던 때와 같은 계절로, 비가 내리는 밤이었다. 오쓰는 홀로 책상 앞에 앉아 명상에 잠겨 있었다. 책상 위에는 이 년 전 아키야마에게 보여준 원고와 같은 「잊을 수 없는 사람들」이 놓여 있었고, 마지막에 추가된 것은 '가메야의 주인'이었다.
> '아키야마'가 아니었다.[6]

---

6 国木田独歩,「忘れえぬ人々」, 121頁(구니기타 돗포,「잊을 수 없는 사람들」, 85쪽).

● **무라카미 하루키의 풍경**

 '아키야마'라는 이름이 거부당하고, 그저 풍경으로만 존재한 무명의 '가메야의 주인'이 '잊을 수 없는 사람들'이 되었다는 것, 여기에 일종의 악의가 존재한다는 사실에 주의해야 한다. 일찍이 나는 이것을 「풍경의 발견」에서 논했다. 풍경을 풍경으로서 발견하는 것은 역으로 외적인 풍경을 거부하는 '내적인 인간'이며 여기에 '근본적인 도착'이 숨어 있다고 말이다.

 같은 이야기지만, 이제 이것을 고유명의 문제로 보고 싶다. '풍경'에는 고유명이 없다. 구니키다 돗포는 분명 '무사시노 武蔵野'라는 이름의 풍경을 묘사했다. 하지만 그가 그렇게 한 것은 이름 있는 풍경(명소)에 대항하여 처음으로 이름 없는 풍경을 그리려고 했기 때문이지 무사시노라고 불리는 토지였기 때문이 아니다. 「무사시노」를 애독하는 독자에게는 더 이상 구니키다의 전도나 사악한 의지가 보이지 않는다. '일본근대문학'의 자명성은 여기서 성립한다.

 구니키다 돗포가 낭만파인 것은 풍경을 그리거나 자연에 몰입하기 때문이 아니라 그 자체를 아이러니 의식으로 만들기 때문이다. 낭만파적 아이러니라고 하면 누구나 야스다 요주로[7]를 떠올릴 것이다. 하지만 메이지시대 낭만파에 대해

---

7 保田與重郎(1910-1981): 문예평론가. 『코키토』, 『일본낭만파』 창간 동인으로 활약. 반근대주의적 미의식을 주장하여 각광을

논한 야스다 자신도 눈치를 채지 못했지만, 돗포에게는 이미 그것이 있었다. 내가 말한 '근본적 도착'이나 '악의'란 바로 이런 아이러니 의식을 뜻한다. 그것은 경험적 자기를 냉정하게 바라보는 초월론적 자기(의식)다.

이런 자기의식은 결코 상처입지 않으며 패배하지도 않는다. 왜냐하면 경험적 자기나 대상을 경멸하기 때문이다. 물론 이런 '내면'의 승리는 '투쟁'의 회피에 지나지 않는다. 나쓰메 소세키는 이런 회피를 인정하지 않았기 때문에 '근대문학'에 계속 위화감을 가졌던 것이다. 소세키가 고집했던 메이지 10년대의 패배와 피한정被限定은 구니키다 돗포와 같은 아이러니에서 초월되어 버린다. 모든 한정성이 '내면'에서 초월되기 때문이다. 주의할 점은 돗포에게서는 그런 고유명을 가진 '역사'가 초월되어 버린다는 것이다. '풍경'은 그곳에서 등장한다.

무라카미 하루키가 발견한 것도 그런 의미의 '풍경'이다. 물론 그의 작품에는 구니키다 돗포로 대표되는 자연묘사가 없다. 대신에 예를 들어 다음과 같은 고유명이 범람하고 있다. "개들은 모두 똥구멍까지 흠뻑 젖어 어떤 놈은 발자크 소설에 나오는 수달처럼 보이고, 어떤 놈은 생각에 잠겨있는 승려처럼 보였다."[8] "비는 매우 조용히 내렸다. 신문지를

받았다. 저서로 『일본의 다리』 등이 있다.

● 무라카미 하루키의 풍경

가늘게 찢어 두꺼운 카펫 위에 뿌리는 것과 같은 소리밖에 나지 않았다. 클로드 룰루슈[9]의 영화에서 자주 내리는 비다."[10]

'발자크 소설에 나오는 수달'이나 '클로드 룰루슈의 영화에서 자주 내리는 비'를 아는 독자는 거의 없을 것이다. 또 알 필요도 없다. 하지만 바로 그렇기 때문에 이런 비유들이 사용된다. 즉 '잊을 수 없는' 것이다. 무라카미가 발견한(만들어낸) '풍경'이란 이런 것이다. 여기에서는 근대소설가가 회피했던 상품명 같은 것이 범람하고 있다. 이것은 마치 새로운 광경처럼 보인다. 구니키다 돗포를 애독하는 독자가 그 풍경에 숨어있는 초월론적 자기의식의 악의를 보지 않았던 것처럼, 무라카미 하루키의 애독자는 여기에서 그저 당대의 세련된 풍경을 받아들일 뿐이다. 그리고 이런 새로운 '풍경'소설을 쓰는 천진난만한 필자들이 계속해서 등장한다.

나중에 이야기하겠지만 이와 같은 것을 단순히 포스트모던이라고 말하는 것은 잘못이다. 왜냐하면 무라카미의 '풍

---

8 村上春樹, 『1973年のピンボール』, 96頁(무라카미 하루키, 『1973년의 핀볼』, 211쪽).
9 Claude Lelouch(1937-) 프랑스 영화감독, 대표작으로 <남과 여>가 있다.
10 村上春樹, 『1973年のピンボール』, 97頁(무라카미 하루키, 『1973년의 핀볼』, 212쪽).

경'에 숨어있는 '전도'란 구니키다 돗포에 있었던 것, 바꿔 말해 '근대문학'에 있었던 것과 같은 형태이기 때문이다.

3

구니키다 돗포의 「무사시노」는 소설이 아니다. 마찬가지로 무라카미 하루키의 『바람의 노래를 들어라』와 『1973년의 핀볼』은 소설이 아니다. "내가 여기에 써 보일 수 있는 것은 단지 리스트이다. 소설도 문학도 아니며 예술도 아니다."[11] 그저 '풍경'이다. 무라카미의 영향력은 이런 풍경의 자명화에 있다. 이것은 결코 외적인 풍경이 아니다. 즉 세상이 포스트-산업자본주의적 소비사회의 양태를 보여주기 시작했고, 무라카미가 그것을 재빨리 포착했다는 말이 아니다. 이런 '풍경'은 구니키다 돗포의 풍경이 그러하듯 어떤 에크리튀르에 의해서만, 그리고 어떤 내적 '전도'에 의해서만 출현한다.

무라카미가 이런 '풍경'에만 머물고 있었던 것은 아니다. 세 번째 작품 『양을 둘러싼 모험』에는 하스미 시게히코[12]가

---

11 村上春樹, 『1973年のピンボール』, 12頁(무라카미 하루키, 『1973년의 핀볼』, 13쪽).

● **무라카미 하루키의 풍경**

분석한 것처럼 진부한 이야기 구조가 도입되고 있다.[13] 하지만 무라카미의 어떤 '새로움'이 '풍경'을 발견하는 어떤 구조에 있다는 사실은 인정해야 한다. 물론 그것은 무의미한 것을 유의미한 것 위에 놓는 가치의 전도이다. 이를 단적으로 보여주는 것이 무라카미 하루키의 작품에 범람하는 숫자이다.

> 엘리베이터 문이 닫히는 치익 하는 공기압축기 compressor 소리를 등으로 확인하고 나서야 서서히 눈을 감았다. 그리고 의식의 단편을 그러모아 아파트 복도를 향해 열여섯 걸음 걸었다. 눈을 감은 채로 정확히 열여섯 걸음, 그 이상도 그 이하도 아니다.[14]

---

12 蓮實重彦(1936-) 불문학 연구자이자 문예평론가, 영화평론가. 최근에는 소설도 쓰고 있다. 도쿄대 총장을 역임했고 지금까지도 일본 영화계에서 가장 영향력 있는 인물 중 한 명으로 평가된다. 저서로, 『비평 혹은 가사의 제전』, 『범용한 예술가의 초상』, 『소설로부터 멀리 떠나』, 『영화의 신화학』 등이 있다.
13 蓮實重彦, 『小説から遠く離れて』, 日本文芸社, 1989 참조.
14 村上春樹, 『羊をめぐる冒険』(1982)(上), 講談社文庫, 1985, 25頁 (무라카미 하루키, 『양을 둘러싼 모험』, 신태영 옮김, 문학사상사, 1995, 31쪽).

이 '열여섯 걸음'이라는 숫자의 정확함에 어떤 의미가 있을까. 예를 들어 과잉된 현실감은 꿈과 같은 비현실감을 부여한다. 도스토예프스키가 '정확히 세 걸음이었다'라고 쓸 때는 과잉된 정확함이 사건을 비현실적으로 만들 정도의 현실성을 느끼게 한다. 한편 무라카미가 말하는 '열여섯 걸음'은 그저 임의적인 것으로 사건의 임의성이라는 감각을 부여한다. 이 숫자는 쌍둥이의 이름이 208과 209라는 것과 같다. 무라카미는 다음과 같이 쓴다.

> 내가 세 번째로 잔 여자는 나의 페니스를 '당신의 레종 데트르'라고 불렀다.

나는 이전에 인간의 존재이유(레종 데트르)를 테마로 하는 짧은 소설을 쓰려고 한 적이 있다. 결국 소설은 완성되지 않았지만, 그동안 나는 인간의 레종 데트르에 대해 계속 생각했으며, 그 때문에 기묘한 버릇에 사로잡히게 되었다. 모든 것을 수치로 바꾸지 않으면 어쩔 줄 몰라 하는 버릇이다. 약 8개월 간 나는 그와 같은 충동에 시달렸다. 나는 전차를 타면 제일 먼저 승객의 수를 세고 계단의 수를 전부 세고

● 무라카미 하루키의 풍경

여유만 있으면 맥박을 셌다. 당시 기록에 의하면 1969년 8월 15일에서 다음 해 4월 3일 사이에 나는 358번의 강의에 출석하고, 54회 섹스를 하고 6,921 개비의 담배를 피운 게 된다.

  그 시기 나는 그런 식으로 모든 것을 수치로 바꿈으로써 타인에게 무언가를 전달할 수 있을지도 모른다고 진지하게 생각하고 있었다. 그리고 타인에게 전할 어떤 것이 있는 한 나는 확실히 존재하고 있다고 말이다. 그러나 당연한 이야기지만 내가 핀 담배의 개비 수나 오른 계단의 수나 내 페니스의 사이즈에 대해 누구 하나 흥미를 가지고 있지 않다. 그래서 나는 자신의 레종 데트르를 잃어버리고 외톨이가 되었다.

☆

  그랬기에 그녀의 죽음을 알게 되었을 때 나는 6,922 개비의 담배를 피우고 있었다.[15]

  숫자는 언어의 의미를 환원하여 시차적인 기호로 보는 극단적인 표현의 하나다. 그저 차이나 순서밖에 나타내지

---

15 村上春樹, 『風の歌を聴け』, 93-94頁(무라카미 하루키, 『바람의 노래를 들어라』, 75-76쪽).

않는다. 여기서 자살한 여자는 '세 번째로 잔 여자'에 지나지 않는다. 그런데 '나오코'라고 불리는 순간, 하나뿐인 단독성=역사성을 회복한다. 숫자는 이것을 거부하기 위해 빈번히 사용된다. 무라카미의 작품에는 『댄스 댄스 댄스』에 이르기까지 수많은 날짜가 등장하는데 이것들도 똑같다.

> 이 이야기는 1970년 8월 8일에 시작하고 18일 후 즉 같은 해 8월 26일에 끝난다.[16]

> 1973년 9월, 이 소설은 그때부터 시작한다. 그것이 입구다. 출구가 있으면 좋겠다고 생각한다. 만약 없다면 문장을 쓰는 의미 따위는 전혀 없다.[17]

많은 작가는 날짜를 생략함으로써 작품을 '일반적'인 것으로 만들려고 한다. 그에 반해 무라카미는 항상 특정 날짜 속에 작품을 위치시키고 있다. 하지만 그것은 역사의식의 표현이 아니라 도리어 그것의 공무화空無化를 노린 것이다. 언뜻 보면 그와 같은 날짜들을 공유하는 독자에게 노스탤지

---

16 村上春樹,『風の歌を聴け』, 13頁(무라카미 하루키,『바람의 노래를 들어라』, 14쪽).
17 村上春樹,『1973年のピンボール』, 25頁(무라카미 하루키,『1973년의 핀볼』, 148쪽).

어적인 세대적 공감을 환기시키는 것처럼 보인다. 하지만 그렇지 않다. 이 날짜들은 완전히 사적私的이고 무의미하다.

"당신은 20살 무렵에 무엇을 했지?"
"여자애들에 몰두했어." 1969년, 우리의 해.
"그녀들과 어떻게 됐지?"
"헤어졌어."[18]

'1969년, 우리의 해'라는 표현이 일순간 환기시킬 것 같은 세대적 공감은, 동시에 이 문맥에서 완전히 해체되고 있다. 물론 1969년이 학원투쟁의 시기였다는 점은 감추어지기는커녕 도발적일 정도로 빈번히 언급되고 있다. "몇 명인가 목숨을 끊고, 머리가 이상하게 되고, 시간의 웅덩이에 자신의 마음을 묻고, 가망 없는 생각에 스스로를 힘들게 하고 서로를 괴롭히고 있었다. 1970년, 그런 해였다."[19] 그럼에도 불구하고 무라카미는 '1969년'이나 '1970년'이 가치를 가지려는 순간에 그것을 전도시킨다. 오에 겐자부로

---

18 村上春樹, 『1973年のピンボール』, 104頁(무라카미 하루키, 『1973년의 핀볼』, 219쪽).
19 村上春樹, 『1973年のピンボール』, 59頁(무라카미 하루키, 『1973년의 핀볼』, 178쪽).

의 『만엔원년의 풋볼』에서 특권적 시점이었던 '1960년대'는 다음과 같이 쓰여 있다.

> 스무 살에 나오코는 이 고장에 왔다. 1961년, 서력으로 말하면 그렇게 된다. 리키 넬슨이 <헬로 메리 루>를 부른 해이다.[20]

물론 무라카미 하루키는 '1960년'이 무엇을 의미하는지 잘 알고 있지만 모른 척한다. 이것이 바로 아이러니라는 말의 원초적인 의미이다. 그리고 잊어서는 안 되는 중요한 것을 소거하고 리키 넬슨의 '헬로 메리 루', 보비 비의 '러버볼'이라는 '잊을 수 없는' 풍경을 강조한다.[21] 이런 고유명의 남용은 사실 고유명을 부정하기 위해서 이루어진다. 숫자의 남용도 똑같은 의도를 가지고 있다.

---

20 村上春樹, 『1973年のピンボール』, 16頁(무라카미 하루키, 『1973년의 핀볼』, 139쪽).
21 리키 넬슨Ricky Nelson은 엘비스 프레슬리 이후 10대들에게 가장 인기가 있었던 아이돌. <헬로 메리 루Hello Mary Lou>는 1961년 5월에 최고 9위까지 올랐던 히트곡. 보비 비Bobby Vee는 리키 넬슨과 같은 시기에 인기를 모았던 아이돌 가수로 <러버볼Rubber Ball>은 1961년 1월에 최고 6위를 기록한 발라드곡.

● 무라카미 하루키의 풍경

4

 이런 날짜의 과잉은 이미 말했듯 역사의식의 표현이 아니라 역으로 그것의 공무화를 노리고 있다. 또는 '역사의 종언'을 주장하고 있다. 그런데 그와 같은 제스처를 반복하는 것 자체야말로 무언가에 대한 고집이다. 그것은 『1973년의 핀볼』에서 유일하게 보통의 고유명사를 부여받은 '나오코'에 대해 다음과 같이 서술하고 있는 것으로도 분명하다.

> 돌아가는 전차 속에서 여러 번 자신에게 타일렀다. 모든 게 끝나버렸다, 이제 잊어버리자고. 그 때문에 여기까지 온 게 아닌가라고. 그렇지만 잊을 수가 없다. 나오코를 사랑하고 있었던 것도. 그리고 그녀가 이미 죽었다는 것도. 결국 무엇 하나 끝나지 않았기 때문이다.[22]

 하지만 모든 것이 끝나고 더 이상 아무것도 일어나지 않는 것처럼 보여야 한다. 무라카미가 이 작품에서 쓰는

---

22 村上春樹, 『1973年のピンボール』, 23頁(무라카미 하루키, 『1973년의 핀볼』, 145쪽).

'사랑'은 '나오코'가 아니라 '1970년 겨울'에 만난 핀볼 머신에 대한 것이다. '나'는 그것을 '그녀'라고 부른다.

> 그녀는 근사했다. 쓰리 프리퍼 스페이스십……, 나만이 그녀를 이해했고 그녀만이 나를 이해했다. 내가 플레이 버튼을 누를 때마다 그녀는 기분 좋은 소리를 내며 보드에 6개의 제로를 튕겨냈고 내게 미소를 지었다.[23]

이 작품에서 '나'의 적극적인 행동이란 그저 일본에 세 대만 수입되고 이미 제조가 중지된 '환幻의 명기名機'를 찾아내는 것이다. "이것은 핀볼에 대한 소설이다." 그러나 이와 같은 탐색은 대상이 플레이(놀이)기계일 뿐만 아니라 탐색 자체가 놀이라고 말할 수밖에 없다. 하지만 그것은 진지하게 이루어진다. 유의미한 것을 폄하하고 무의미한 것에 진지하게 몰두해 보이는 것. 이런 태도는 다음과 같은 '역사적 사실'을 쓸 때도 보인다.

> 1934년에 이 인물의 손에 의해 핀볼 역사상 제1호

---

23 村上春樹, 『1973年のピンボール』, 114-115頁(무라카미 하루키, 『1973년의 핀볼』, 228쪽).

기가 테크놀로지의 황금구름 사이로부터 이 추하기 그지없는 지상에 도입되었다는 것은 역사적 사실 중 하나다. 그리고 그해는 아돌프 히틀러가 대서양이라는 거대한 물웅덩이를 사이에 두고 바이마르라는 사다리의 첫 번째 단에 손을 대려고 하던 해이기도 했다.[24]

여기서 무라카미는 메인컬처 mainculture 와 서브컬처 subculture, 정치적 사건과 풍속적 사건을 등치시켜 보인다. 그러나 이와 같은 태도를 역사적으로 새로운 태도라고 착각해서는 안 된다. 그것은 일찍이 구니키다 돗포에서 보였던 아이러니 의식과 같은 것이다. "아이러니에서는 모든 것이 장난임과 동시에 진지함이고, 모든 것이 마음 밑바닥부터 전부 이야기됨과 동시에 깊숙이 숨겨져 있지 않으면 안 된다."[25] 그렇다면 이와 같은 아이러니로 무엇이 확보되는 것일까. 그것은 모든 피한정성을 넘어서는 초월론적 자기이다.

---

24 村上春樹, 『1973年のピンボール』, 26頁(무라카미 하루키, 『1973년의 핀볼』, 149쪽).
25 니콜라이 하르트만, 『독일관념론의 철학』, 이강조 옮김, 서광사, 2008, 289쪽.

'나'는 가까스로 창고에 보존되어 있던 그 기계와 만나 대화한다.

> 우리는 다시 한 번 침묵에 빠졌다. 우리가 공유하고 있는 것은 매우 오래 전에 죽어버린 시간의 단편에 지나지 않았다. 그런데도 그 따듯한 기억 몇 가지는 오래된 빛처럼 내 마음속을 지금도 방황하고 있었다. 그리고 죽음이 나를 붙잡아 다시 무無의 도가니에 집어넣을 때까지의 잠깐 동안을 나는 그 빛과 함께 걸어갈 것이다.
> 이제 가는 게 좋을 거야라고 그녀가 말했다.
> 확실히 냉기는 참기 힘들 정도로 심해졌다. 나는 몸을 떨면서 담배를 밟아 껐다.
> 만나러 와주어서 고마워 하고 그녀는 말했다. 더 이상 만나지 못하더라도 잘 지내.
> 고마워, 나는 말한다. 안녕.[26]

이 '대화'는 말할 것도 없이 자기대화(모놀로그)다. '그녀'는 '나오코'와 같은 타자가 아니다. 즉 '나'를 한정하는 자가 아니다. 머신에 대한 '나'의 사랑은 자기애에 다름 아니다.

---

26 村上春樹, 『1973年のピンボール』, 159頁(무라카미 하루키, 『1973년의 핀볼』, 266-267쪽).

● 무라카미 하루키의 풍경

 이런 대화는 어떤 의미에서 오에 겐자부로의 「죽은 자의 사치」에 등장하는 '나'가 죽은 자와 주고받는 대화와 닮았다. 이후 '나'는 다음과 같이 말한다. "나는 죽은 자들의 세계에 발을 내밀고 있었던 것이다. 그리고 살아있는 자들 속으로 돌아가면 모든 일이 곤란하게 된다, 이것이 최초의 실패다."[27] 무라카미 하루키도 여기서 '죽은 자들의 세계에 발을 내밀고 있다'고 말해도 좋을지 모른다. '나'도 '쥐'도 '살아있는 자들'의 세계로 귀환할 수 없기 때문이다. 하지만 적어도 죽은 자는 기계가 아니다. 무라카미의 '나'가 고집하고 있는 것은 어떤 한정도 받아들이지 않는 임의성의 세계이다.

 무라카미의 '나僕'는 오에의 '나僕'와 완전히 다르다. 그것은 '나' 따위는 없다고 시치미를 떼는 '나'이고 결코 '실패'가 없는 '나'이다. 오에의 '나'는 끊임없이 다른 '의미'로 치환되는 알레고리다. 그에 반해 무라카미의 '나'는 무의미한 것에 이유 없이 열중해 보임으로써 의미나 목적을 가지고 무언가에 열중하는 타인을 깔보는 태도에 존재하는 초월론적 자기의식인 것이다.

---

27 大江健三郎, 『死者の奢り』, 文藝春秋, 1958, 28頁(오에 겐자부로, 「죽은 자의 사치」, 신영언 옮김, 『세계명단편 100선 (14): 일본어권(Ⅰ)』, 삼성미술문화재단, 1987, 154쪽).

되풀이해서 말하지만, 이것은 구니키다 돗포가 가져온 '근대문학'의 계열에 존재한 것이자 그 반복이다. 바꿔 말해 현실적인 '투쟁'을 방기하고 그것을 내면적인 승리로 바꾸는 속임수의 재현이다. 무라카미 하루키는 근대문학의 '내면'이나 '풍경'을 부정한 것처럼 보인다. 그러나 사실 그가 가져온 것은 새로운 차원의 '내면'이나 '풍경'이며 그런 독아론적 세계가 오늘날 젊은 작가들의 자명한 토대 base 가 되었다.

● 무라카미 하루키의 풍경

II

1

나는 『1973년의 핀볼』은 『만엔원년의 풋볼』에 대한 일종의 패러디라고 서술했다. 그것은 '1973년'과 '만엔원년'의 대비에서뿐만 아니라 '핀볼'과 '풋볼'의 대비에서 보다 명료하다.

레비-스트로스는 게임과 의례를 비교한 후, 다음과 같이 말하고 있다.

> 따라서 게임은 이접離接적이다. 그것은 대전對戰하는 개인이나 팀 사이에 차별을 만들어낸다. 게임이

시작될 때는 양쪽 모두 완전히 평등하지만, 종료될 때에는 승자와 패자로 나뉜다. 이것과 대칭적으로 의례는 연접連接적이다. 왜냐하면 그것은 원래 떨어져있던 두 집단(극단적인 경우, 한쪽은 제의집행자 1명, 다른 쪽은 신자 집단이 된다) 사이의 결합(여기서는 '영교靈交'라고 해도 좋다)이나 유기적 관계를 설정하기 때문이다. 그러므로 게임의 경우에 대칭성은 미리 정해져 있다. 따라서 그것은 구조적이다. 왜냐하면 어느 측이든 규칙은 같다는 원칙에서 대칭성이 나오기 때문이다. 하지만 비대칭성은 만들어진다. 의도로 일어나는 사건이든, 운에 속하는 사건이든, 재능에 기초한 사건이든 모두 사건의 우연성에서 불가피하게 생겨나는 것이다. 의례의 경우는 반대가 된다. 성과 속, 신자와 제의집행자, 죽은 자와 산 자, 이니시에이션을 받아들인 자와 받아들이지 않은 자 사이에 비대칭성이 사전에 설정되도록 요청되며 '연기演技: jeu'가 사건을 이용하여 참가자 전원을 승자의 측에 넣어버린다. 이들 사건의 성질과 배열은 그야말로 구조적인 성격을 가지고 있다. 과학(여기에서도 사유적인 면에서나 실제적인 면에서)과 마찬가지로 게임은 구조에서 사건을 만들어낸다. 따라서 오늘날의 공업사회에서 경기가 왜 성황을 이루는지 이해할 수 있다. 그에 반하여 의례와 신화는 손재주(공업

사회는 이제 이것을 '여기餘技(hobby)'나 심심풀이로만 허용한다)와 마찬가지로 사건의 집합을 (심리적인 면, 사회역사적인 면, 기술적인 면에서) 분해하거나 다시 조립하고, 또 파괴하기 어려운 부품으로서 그것들을 사용하여 서로 목적이 되고 수단이 되는 구조적 배열을 만들어낸다.[28]

물론 나는 무라카미 하루키가 신화나 의례에 존재하는 '야생의 사고'를 회복하고 있다고 말하기 위해 위 글을 인용한 것이 아니다. '풋볼'과 '핀볼'이 어떻게 다른지를 보여주기 위해서다.

『만엔원년의 풋볼』의 '풋볼'은 레비-스트로스가 말하는 경기이다. 오에가 풋볼을 가져온 것은 역사를 '구조에 의해' 만들어진 사건으로 보기 때문이다. 이런 시점이 없었다면, 『만엔원년의 풋볼』과 같은 제재는 흔해빠진 역사소설(이야기)이 되고 말았을 것이다. 그러나 이 소설이 그저 구조에 의해 만들어진 사건으로서 창작되었다면 '역사'는 사라졌을 것이다.

---

[28] クロード・レヴィ=ストロース,『野生の思考』, 大橋保夫訳, みすず書房, 1976, 40-41頁(레비-스트로스,『야생의 사고』, 안정남 옮김, 한길사, 1996, 91-92쪽).

'역사'는 구조 바깥에 있다. 바꿔 말해 대칭적이지 않은 관계 속 교통으로 생겨난다. 실제 사람들이 말하는 사건의 대부분은 구조에 의해 만들어진 것이다. 하지만 결코 구조로 환원될 수 없는 사건성이 존재하며 오직 그것만이 역사로 불려야 한다. '만엔원년'과 '풋볼'의 결합은 말하자면 역사를 구조에서 보고 구조를 역사에서 보려는 시도를 의미한다. 그에 반해 '1973년'과 '핀볼'의 결합은 어떨까. '1973년'은 그저 수이다. "1973년 9월……, 마치 꿈과 같았다. 1973년, 그런 해가 정말로 존재했는지 생각해본 적도 없었다. 그렇게 생각하면 왠지 공연히 이상해졌다."[29] '1973년'이란 그저 기호(차이)로서 있는 것에 지나지 않는다.

 한편 핀볼은 결과에서 풋볼처럼 승자와 패자라는 비대칭 관계를 만들어내는 것처럼 보인다. 그러나 머신이 승자라는 것은 이상하다. 플레이어가 패자라는 것도 이상하다. 승패는 사건이 되지 않는다(또 한 명의 플레이어와 경기한다면 이야기는 달라진다). 어떤 의미에서 플레이어는 항상 지고 있다. 하지만 그것이 사건을 형성하는 것은 아니다. 플레이어는 그저 플레이하면 되기 때문이다. 그들은 단지 이 기계의

---

29 村上春樹, 『1973年のピンボール』, 52頁 (무라카미 하루키, 『1973년의 풋볼』, 171쪽).

규칙 안에서 활동할 뿐이고 그 규칙을 어느 정도 (신체적으로) 습득하고 있는지가 시험될 뿐이다.

이 핀볼의 비유로 무라카미가 말하고 싶은 점은 역사란 구조(규칙체계)에 의해 만들어진 사건이고 이제 역사는 존재하지 않는다는 것이다. '1973년'과 '핀볼'의 결합은 이렇게 플레이어로서의 반복만을 강조한다. "똑같은 날이 똑같이 되풀이 되었다. 어딘가에 반환점이라고 표시해두지 않으면 같은 날로 착각할 정도의 하루다."[30] 이 작품의 마지막도 다음과 같다. "버스 문이 쾅하고 닫히고, 쌍둥이가 차창에서 손을 흔들었다. 모든 것이 되풀이 된다……."[31] 핀볼과 관련해서는 다음과 같이 이야기되고 있다.

> 그러나 핀볼 머신은 당신을 어디에도 데려가지 않는다. 리플레이(재시합) 램프를 켤 뿐이다. 리플레이, 리플레이, 리플레이……, 마치 핀볼 게임 그 자체가 어떤 영겁성을 지향하고 있는 것처럼도 생각된다.
> 우리는 영겁성에 대해 많은 것을 알지 못한다. 하지만 그 그림자를 추측할 수 있다.

---

[30] 村上春樹, 『1973年のピンボール』, 83頁(무라카미 하루키, 『1973년의 핀볼』, 199쪽).
[31] 村上春樹, 『1973年のピンボール』, 175頁(무라카미 하루키, 『1973년의 핀볼』, 281쪽).

핀볼의 목적은 자기표현에 있는 것이 아니라 자기변혁에 있다. 에고의 확대에 있는 것이 아니라 축소에 있다. 분석이 아니라 포괄에 있다.
　만약 당신이 자기표현이나 에고확대나 분석을 목표로 한다면, 당신은 반칙램프에 의해 가차없이 보복을 당할 것이다.[32]

　확실히 이 게임에서 일반적인 의미의 에고확대나 자기표현은 부정된다. 왜냐하면 플레이어는 그저 규칙을 따를 뿐이고 성적이 오른다고 해도 그것은 '자기발전'이 아니기 때문이다. 그러나 이 게임은 한 사람에 의해 이루어지고, 그 세계는 그에 의해서만 존재한다. 세계는 이 게임을 하고 있는 플레이어의 자의에 의존한다. 플레이어, 즉 초월론적 주관이야말로 이 게임을 가능하게 하는 주체인 것이다. 나중에 서술하겠지만, 『세계의 끝과 하드보일드 원더랜드』는 이런 주관의 산물이다. 요컨대 이런 게임에 열중하는 것처럼 보일 때, 경험적 자기는 '축소'되지만 그것을 바라보고 있는 초월론적 자기는 극단적으로 비대해진다.

32　村上春樹, 『1973年のピンボール』, 29頁(무라카미 하루키, 『1973년의 핀볼』, 151-152쪽).

오늘날의 컴퓨터게임이 핀볼의 후예라는 것은 말할 필요도 없는데, 그곳에서 '신화나 의례'에 가까운 로망스(이야기)가 뻔뻔하게 부활하고 있다는 사실에 주의해야 한다. 물론 SF도 신화의 현재적 형태다. 이런 의미에서 『양을 둘러싼 모험』이나 『세계의 끝과 하드보일드 원더랜드』가 그와 같은 이야기를 부활시켰다는 사실은 전혀 이상하지 않다.

2

이런 인식은 이미 『바람의 노래를 들어라』에서 '우주의 관념'이나 '바람의 노래'로서 이야기되고 있다.

> "앞으로 25만 년이면 태양은 폭발해요. 쾅……
> OFF. 25만 년. 엄청난 시간이지 않을까요."
> 바람이 그에게 그렇게 속삭였다.[33]

소설이라는 것은 정보인 이상 그래프나 연표로 표현할 수 있어야 한다는 것이 그의 지론이었는데, 정

---

33 村上春樹, 『風の歌を聴け』, 122頁(무라카미 하루키, 『바람의 노래를 들어라』, 99쪽).

확함은 양에 비례한다고 생각하고 있었기 때문이다.

그는 톨스토이의 『전쟁과 평화』에 대해서 항상 비판적이었다. 물론 양적으로는 문제가 없지만 하고 말했다. 거기에는 우주의 관념이 결여되어 있어, 그 때문에 그 작품은 내게 뒤죽박죽인 인상을 준다고. '우주의 관념'이라는 말을 그가 사용할 때, 그것은 대개 '불모'를 의미했다.[34]

위와 같은 인식은 한마디로 정보이론적인 것이다. 물론 '정보'는 '의미'나 '물질'에 대하여 사용되고 있다. 정보란 차이며 의미나 물질은 그것으로 환원되어버린다. 정보론은 관념론도 유물론도 아닌 시점과 자연사(문화사를 포함한)를 일원一元적으로 꿰뚫는 새로운 시점을 가져왔다고 간주된다. 베이트슨이라면 금세기의 가장 중요한 지적 혁명이라고 할 것이다.

무라카미 하루키가 예를 들어 쌍둥이 자매에 208과 209라는 이름을 부여할 때, 그것은 0과 1(on과 off)이라고 해도 상관이 없는데, 차이(이항대립)만이 문제이기 때문이다. 쌍둥이가 어떤 얼굴을 하고 어떤 생각을 가지고 있는지, 아니 그보다 애당초 그들이 '실재'하는지 어떤지조차 어떻게

---

34 村上春樹, 『風の歌を聽け』, 119頁(무라카미 하루키, 『바람의 노래를 들어라』, 96-97쪽).

되든 상관이 없다. 왜냐하면 우리가 어떤 것이 실재한다고 인지하기 위해서는 그것이 어떤 차이로서 파악되지 않으면 안 되기 때문이다. 개구리는 벌레를 벌레로서 인지하는 것이 아니라 벌레가 움직였을 때 그것을 인지한다. 바꿔 말해 개구리에게는 곤충의 이동(차이 즉 정보)만 존재하지 벌레가 실재하는 것은 아니다. 하물며 벌레의 이데아(의미) 따위는 존재하지 않는다. 무라카미가 이들 작품을 통해 말하고 있는 것은 이런 정보이론으로, 그는 이것을 역사의 부재나 불모와 결부시킨다. 그런데 여기에는 착각이나 의도적인 착오가 존재한다.

예를 들어 의미나 물질도 그것이 체험된 후에야 비로소 환원(괄호넣기)이 이루어질 수 있다. 예를 들어 한 페이지에 있는 활자를 로마자로 만들고[35], 다시 그것을 의미를 전혀 이룰 수 없게 흐트러뜨려 보자. 이때 정보는 제로이고 엔트로피(말하자면 랜덤)는 무한대라고 이야기된다. 다음으로 그것들을 다시 늘어놓으면, 여기저기서 의미를 가지기 시작할 것이다. 어떤 나열방식이 의미를 가지도록 할 때, 그것이 최초의 혼돈과 비교하여 어느 정도의 확률로 성립되는지를 계산한 것(엄밀히는 그 확률의 역수)이 정보량인 것이다. 그렇다면 의미는 정보로 환원된다는 등의 말이 틀렸다는

---

[35] 일본어 문장을 로마자로 표기한다는 말.

것은 자명하다. 의미를 인정하는 주체가 없으면 정보량을 계산할 수 없기 때문이다.

소쉬르가 언어는 차이의 체계에 지나지 않다고 말했을 때도 마찬가지다. 그는 '말하는 주체'의 의미체험에서 출발하여 그것을 현상학적으로 괄호에 넣어 형식(차이)을 발견했다. 바꿔 말해 구조나 체계라는 것은 이미 그것을 성립시키는 주체를 전제하고 있기 마련인데, 그것이 바로 초월론적 주관이다.

이것은 물질을 정보로 환원하는 경우도 마찬가지다. 세계를 정보이론으로 말하는 것은 '초월론적 주관'이지만 항상 은폐되거나 망각된다. 우주의 기원과 수명을 생각하는 과학자의 주체는 이런 자연사自然史를 초월하고 있다. 태양이 25만 년 후에 폭발하든 은하계의 수명이 몇 년에 끝나든 그것을 지적하고 있는 자기는 그러한 유한성을 넘어서고 있다. 우주의 사멸에 대해 말하는 자는 경험적인 자기의 유한성과 무의미성을 강조하지만, 바로 그것을 통해 초월론적 자기의 무한성을 확인하는 것이다. 물론 과학자는 어떤 약속된 영역에서 계산하고 있을 뿐이다. 그것을 넘어서 역사나 문화에 대해 말하기 시작할 때, 그들은 더 이상 과학자가 아니라 진부한 철학자에 지나지 않는다.

되풀이하자면, 정보나 구조는 '객관적으로' 있는 것이 아니며 실제로는 의식과 괄호넣기(현상학적 환원)에 의해서 발견된다. 그런데 마치 의식 바깥에 있는 것처럼 간주되고, 바로 그로 인해 '의식'이 공격을 당한다. 이는 착각이다. 하지만 무라카미의 경우 이런 착각, 아니 의도적인 착오 속에서 초월론적 자기의식이 슬그머니 자신의 우위를 확인한다.

"그렇지만 사람은 계속 변해. 변하는 것에 무슨 의미가 있는지 나는 전혀 알 수 없었어." 쥐는 입술을 깨물고 테이블을 바라보면서 생각에 잠겼다. "그리고 이렇게 생각했어. 어떤 진보도 어떤 변화도 결국은 붕괴과정에 지나지 않는 게 아닌가하고. 틀렸을까?"
"틀리지 않을 거야."
"그래서 나는 그런 식으로 즐겁게 무無로 향하는 무리에게 한 조각의 애정도 호의도 갖질 않았어. …… 이 거리에도 말이야."[36]

---

36 村上春樹, 『1973年のピンボール』, 137頁(무라카미 하루키, 『1973년의 핀볼』, 248쪽).

'즐겁게 무로 향하는 무리'란 '즐겁게 의미로 향하려는 무리'다. 그러나 '어떤 변화도 결국은 붕괴과정에 지나지 않다'고 말하는 이는 바로 그것을 통해 초월론적 자기의 우위성을 확보한다. 이것이 이미 말한 낭만적 아이러니다.

 1970년 이후, 정보이론이나 구조주의와 함께 역사가 구조적인 것의 변형에 지나지 않다는 사고가 널리 퍼졌다. 예를 들어 "인간은 죽었다"고 말한 미셸 푸코의 말도 여기서 나온다. 하지만 그것들이 역사에 대한 초월론적 의식이라는 사실에 주의해야 한다. 여기에서는 확실히 '인간'은 죽었지만―그것은 구조들의 결과(효과)에 지나지 않기 때문에― "인간은 죽었다"라는 의식이나 "역사는 끝났다"라는 의식만은 확보되고 있다. 그것은 아직 '인간'이나 '역사'와 같은 의미에 매달리는 사람들을 경멸하면서 자신의 우위성을 확인한다. 이처럼 포스트모더니즘은 이미 매장되었어야 할 낭만적 아이러니를 어떤 형태로 다시 불러내게 된다.

3

 앞서 나는 『1973년의 핀볼』은 『만엔원년의 풋볼』에 대한 일종의 패러디라고 말했다. 하지만 그것은 『돈키호테』나

● 무라카미 하루키의 풍경

『보바리 부인』이 기사도 이야기나 로맨스의 패러디라는 의미에서의 패러디가 아닙니다. 오히려 패스티시라고 불러야 하는 것이다. 프레드릭 제임슨은 포스트모더니즘 문학의 특질을 여기서 발견하고 있다.

> 패스티시pastiche의 등장과 함께 패러디가 불가능해진다. 패스티시는 패러디처럼 독특하고 유니크한 스타일을 한 모방이자 문체라는 가면을 쓰고 죽은 언어로 말하는 것이다. 하지만 패스티시는 그런 흉내의 중립적 실천neutral practice으로, 그것은 패러디의 숨겨진 동기인 풍자와 웃음을 가지고 있지 않으며, 비교했을 때 모방대상을 코믹하게 만드는 정상적인normal 무언가가 있다는 느낌도 가지고 있지 않다. 패스티시란 무표정한 패러디, 즉 유머감각을 잃은 패러디다. 웨인 부스가 18세기의 안정되고 코믹한 아이러니라고 불렀던 것이 패러디라면, 패스티시는 하나의 기묘한 실천, 무표정한 아이러니의 현대적 실천이다.[37]

---

37 フレドリック・ジェームソン, 「ポストモダニズムと消費社會」, ハル・フォスター編, 『反美学―ポストモダンの諸相』, 室井尚・吉岡洋訳, 勁草書房, 1987(프레드릭 제임슨, 「포스트모더니즘과 소비사회」, 힐 포스터 편, 『반미학』, 윤호병 외 옮김, 현대미학사, 1993, 180쪽).

사실 무라카미 하루키는 그의 데뷔작 『바람의 노래를 들어라』에서 "내가 여기서 써 보일 수 있는 것은 단지 리스트다. 소설도 문학도 아니며 예술도 아니다."[38]라고 말하고 있다. 바꿔 말해 그것은 패스티시이다. 그러나 『1973년의 핀볼』이나 『양을 둘러싼 모험』은 '무표정한 아이러니의 현대적 실천'처럼 보이면서도 강한 집착과 전도의 의지를 숨기고 있다.

 이런 '숨겨진 동기'는 무라카미 이후의 무라카미적인 작가에게는 존재하지 않는다. 문자 그대로 패스티시가 된다. 이는 정확히 구니키타 돗포 이후의 작가들에게는 '풍경'이 더 이상 전도가 아니라 자명한 사실이었던 것과 같다. 주목해야 하는 것은 패러디나 패스티시라는 역사적 양식에 존재하는 아이러니와는 다른 아이러니, 즉 낭만적 아이러니이다. 일본의 포스트모더니즘에 대해 생각할 때 특히 이점을 놓쳐서는 안 된다.

 예를 들어 『양을 둘러싼 모험』에서 '나'는 우익의 정치적 흑막 조직으로부터 '양'을 찾아달라는 의뢰를 받는다. 그 흑막은 1936년에 돌연 '모든 면에서 우익의 톱으로 뛰어올

---

38 村上春樹, 『1973年のピンボール』, 12頁(무라카미 하루키, 『1973년의 핀볼』, 13쪽).

● **무라카미 하루키의 풍경**

라'이듬해 중국대륙으로 건너갔고, 전후戰後에는 '강대한 지하왕국'을 구축했다. 그것은 '권력에서 반反권력에 이르는 모든 것'을 집어삼켰다. 더구나 그것은 '그들 대부분이 자기가 먹히고 있다는 사실조차 깨닫지 못하는' 복잡한 sophisticated 조직이었다. 이 흑막에게 죽음이 임박하게 되자 조직은 해체 위기에 놓인다. 이 '선생님'이 죽으면 그것을 뒷받침하고 있던 '의지'를 잃어버리게 되기 때문이다.

"선생님은 최근 2주일 정도 의식이 없었지. 아마 의식은 두 번 다시 돌아오지 않을 거야. 그리고 선생님이 죽으면 등에 별 모양이 찍힌 양의 비밀도 영원히 어둠 속에 매장될 거야. 그런데 그것만큼은 결코 참을 수 없네. 개인적인 득실을 위해서가 아니라 좀 더 큰 대의를 위해서 말이야."

나는 라이터 뚜껑을 열고 줄날바퀴를 마찰시켜 불을 붙이고 뚜껑을 닫았다.

"당신은 아마 내가 하고 있는 말이 허황되다고 생각하겠지. 어쩌면 그럴지도 모르지. 정말 허황될지도 몰라. 그런데 자네가 알아주었으면 하는 것은 우리에게 남아있는 것이 그것밖에 없다는 점이네. 선생님이 죽는다. 하나의 의지가 죽는다. 그리고 그 의지의 주변에 있는 것도 전부 죽음으로 끝난다. 뒤에 남는 것은 숫자로 셀 수 있는 것뿐이다. 그 이외에는 아무

것도 남지 않는다. 그래서 나는 그 양을 찾고 싶네."

그는 비로소 몇 초 동안 눈을 감고 잠시 침묵했다. "나의 가설을 말하겠네. 어디까지나 가설이네. 마음에 들지 않으면 잊으면 되네. 나는 그 양이야말로 선생님에 있는 의지의 원형을 이루고 있다고 생각하네."

"동물쿠키 같은 이야기군요."나는 말했다. 남자는 그 말을 무시했다.

"어쩌면 양이 선생님 안으로 들어갔네. 그것은 아마 1936년의 일일 걸세. 그리고 그 후 40년 이상이나 양은 선생님 안에 머물고 있었던 것이네."[39]

'양'이라고 불리는 관념은 어쩐지 '개個의 인식과 진화적 연속성이라는 서구 휴머니즘'과 대립하는 것처럼 보인다. 후자로부터는 '균질과 확률의 세계', '숫자로 셀 수 있는 것만' 남는다. 바꿔 말하면 세계는 정보론적인 것이 된다. "자네들이 60년대 후반에 행하거나 행하려고 한 의식의 확대는 그것이 개個에 뿌리를 내린 탓에 완전히 실패로 끝났지. 즉 개個의 질량은 변하지 않는데 의식만 확대해가면 궁극에는 절망만 남게 되지. 내가 말하는 범용함이란 그런

---

39 村上春樹, 『羊をめぐる冒険』(上), 192頁(무라카미 하루키, 『양을 둘러싼 모험』, 186-187쪽).

의미네."⁴⁰ 그에 반해 '양'이라는 관념은 개개에 뿌리를 내리는 사고를 부정하고 '균질과 확률의 세계'에 대항하여 '의미'를 보증하는 것이다.

이 '양'이라는 관념은 구체적으로 무엇을 의미할까. 무라카미는 그에 대해 절대 말하지 않는다. 하지만 곳곳에서 말하고 있다고 해도 좋다.

이 소설에서 나오는 우익 이야기에서 '60년대 후반'에 '개개에 뿌리를 둔' 학생운동이 융성하던 때, 그에 대항하여 천황제에 의한 '문화방위'를 주장한 남자가 있었다는 것, 그리고 그가 1936년(쇼와 11년)의 '2.26 사건'⁴¹을 모방한 사건을 일으키고 자결한 사실을 상기하지 않기란 어렵다. 무라카미 하루키는 그것을 명확히 시사하고 있으면서도 부정한다. 즉 미시마 유키오의 이름은 다음과 같이 아무렇지도 않게, 아니 여봐라는 듯이 제시되면서 동시에 '아무래도 좋은' 것으로 부정된다. 이것이야말로 '무표정한 아이러니의 실천'이다.

---

40 村上春樹, 『羊をめぐる冒険』(上), 190頁(무라카미 하루키, 『양을 둘러싼 모험』, 185쪽).
41 1936년 2월 26일 황도파皇道派 청년장교들이 천황친정天皇親政을 내세우며 일으킨 반란.

우리는 숲을 빠져나와 ICU의 캠퍼스까지 걸어가 늘 그렇듯이 라운지에 앉아 핫도그를 베어 먹었다. 오후 2시였는데 라운지의 TV에는 미시마 유키오의 모습이 여러 번 반복해서 비쳐지고 있었다. 볼륨이 고장 난 탓에 음성은 거의 들을 수 없었지만 어떻게 되든 우리에게는 아무 상관이 없는 것이었다.[42]

이 작품의 마지막에서 '쥐'는 '양'을 찾아낸 뒤 자살한다. '양'이 자기 안에 들어왔기 때문이다. "간단히 말하면, 나는 양을 삼킨 채로 죽은 것이야. (……) 조금만 늦었다면 양은 나를 완전히 지배했을 테니까. 마지막 기회였지."[43] '쥐'는 자살을 통해 몸속에 들어온 '양'을 죽인 것이다.

그런데 미시마 유키오의 의도적인 쿠데타 미수와 자결도 '양'의 관념을 넓힌다기보다도 오히려 멈추게 하려는 것이었다. 미시마는 죽기 일주일 전 대담에서 그의 행동이 '마지막'이기에 '이후 이어지는' 것 따위는 있을 수 없다고 말하고 있다. 말하자면 미시마는 '양'이라는 관념을 더할 나위 없이 화려하게 과시하면서 스스로 죽였던 것이다. 미시마에게

---

42 村上春樹, 『羊をめぐる冒険』(上), 20頁(무라카미 하루키, 『양을 둘러싼 모험』, 26쪽).
43 村上春樹, 『羊をめぐる冒険』(下), 199頁(무라카미 하루키, 『양을 둘러싼 모험』, 419쪽).

● 무라카미 하루키의 풍경

자살이란 경험적인 자기를 최대한 경멸하는 '초월론적 자기'의 증명이었다.

"아이러니에서는 모든 것이 장난임과 동시에 진지하다"(하르트만)고 한다면, 미시마의 행동이 의식적으로 이루어진 가짜나 키치라는 주장도 중요한 점을 놓치고 있다. 또 아이러니에서 '모든 것이 마음 밑바닥부터 전부 이야기됨과 동시에 깊숙이 숨겨져 있다'고 한다면, 미시마의 '동기'나 '원인'을 파고드는 것이야말로 가장 어리석은 일이다. 아이러니는 심리의 문제가 아니라 사상의 문제이기 때문이다.

미시마 사건이 보여주는 것은 지금도 여전히 '양'이라는 관념이 살아남아 있다는 말이 아니다. 개개를 부정하는 '양'의 관념을 최대한 실행해 보임으로써 '최후의' 인간처럼 되려는 개개(초월론적 자기)의 '의지'가 살아남았다는 것이다. 무라카미는 그것을 의식하고 있다. 하지만 '최후의' 인간이 되는 것은 미시마가 아니라 무라카미 자신이어야 한다. 바꿔 말해, '1970년=쇼와 45년'이 완전히 끝났음을 보여주는 것은 무라카미 자신이 아니면 안 된다.

무라카미 하루키 또한 '모든 것이 마음 밑바닥부터 전부 이야기됨과 동시에 모든 것이 깊숙이 숨겨지는' 타입의 작가다. 여기에서 심리적인 '수수께끼'를 발견하거나 그것을 신비화하는 것은 어리석다. 『양을 둘러싼 모험』이 보여주고 있는 것은 '균질과 확률의 세계'에 대한 반항이 아니라 그것을 적극적으로 선택하는 자기의식의 우월성이다. 이런 '무표정' 속에서 낭만파적 아이러니가 '목숨을 부지하고 있는' 것이다.

4

하지만 모든 것을 넘어선 초월론적 자기는 독아론에 갇히고 만다. 칸트가 말한 것처럼 선험적인 '형식'에 의해 구성된 것 이외의 현실(물자체)은 설사 존재한다고 해도 알 수가 없기 때문이다. 세계는 임의적 '형식'에 의존하고 있다는 것이 무라카미 하루키의 생각이다.

> 어느 쪽인가 하면 나는 스스로 다양한 세계의 현상, 사물, 존재를 편의적으로 생각하는 쪽이라고 생각하고 있다. 그것은 내가 편의적인 성격의 인간이기 때문이 아니라(물론 어느 정도 그런 경향이 있다는 것은 인정하지만), 사물을 편의적으로 파악하는 쪽이 정통적인 해석보다도 사물의 본질을 보다 잘 이해하는 경우를 세상에서는 수없이 볼 수 있기 때문이다. (중략)

● **무라카미 하루키의 풍경**

 그러므로 나는 가능한 한 편의적인 시점에서 사물을 바라보려고 한다. 세계라는 것은 사실 다양한, 명확히 말해 무한한 가능성을 포함하여 성립하고 있다는 것이 내 사고방식이다. 가능성의 선택은 분명 세계를 구성하는 개개인에게 어느 정도 맡겨져 있다. 세계란 응축된 가능성으로 만들어진 커피테이블인 것이다.[44]

여기서 이야기되고 있는 '가능성'은 나중에 말하는 것처럼 양상 modality 에 관한 것이 아니다. SF 등에서 말하는 가능세계론에 가깝다. 그것은 말하자면 '세계'는 어떤 공리계로 형성되고 있기에 다른 공리계를 선택하면 다른 세계가 '가능'하다는 것에 지나지 않는다. 예를 들어 일각수가 있다는 공리계를 선택하면 그런 '세계'가 있는 것이 된다.

 말할 것도 없이 이런 논의가 생겨난 것은 비유클리드 기하학의 출현을 통해서다. '형식주의'의 힐베르트는 예를 들어 커피테이블로도 기하학이 가능하다고 말한다. 수학은 대상에 의존하는 것이 아니라 형식적 공리체계에 의존하고 있기 때문이다. 어떤 공리를 선택하면 유클리드기하학이

---

[44] 村上春樹,『世界の終りとハードボイルド·ワンダーランド』(上), 新潮文庫, 15-16頁(무라카미 하루키,『세계의 끝과 하드보일드 원더랜드』(1), 김진욱 옮김, 문학사상사, 14쪽).

되고 다른 공리를 선택하면 비유클리드기하학이 된다. 하지만 이런 사고는 나중에 괴델이 보여준 것처럼 근본적인 곤란에 직면한다. 환언하자면 그것은 이 세계(역사)에 이미 소속되어 있는 자기가 마치 초월론적으로 그 세계를 기초지을 수 있는 것처럼 간주할 때 만나는 패러독스이다. 『세계의 끝과 하드보일드 원더랜드』에서 무라카미는 임의의 세계를 만들어낸다. 하지만 이 긴 작품의 마지막에서 '나'는 다음과 같이 말한다.

> "다시 한 번 말하지만 그게 전부는 아니야"라고 나는 말했다. "나는 이 거리를 만들어낸 게 도대체 무엇인지 발견했어. 그래서 나는 여기에 남을 의무가 있고 책임이 있어. 너는 이 거리를 만들어낸 것이 무엇인지 알고 싶지 않아?"
> "알고 싶지 않아"라고 그림자는 말했다. "이미 알고 있기 때문이야. 그런 것은 이전부터 알고 있었어. 이 거리를 만든 것은 너 자신이야. 네가 모든 것을 만들어냈어. 벽에서 강, 숲, 도서관, 문, 겨울 이 모든 걸 만들었어. 이 웅덩이도 이 눈도 말이야.―"[45]

---

45 村上春樹, 『世界の終りとハードボイルド・ワンダーランド』(下), 345頁(무라카미 하루키, 『세계의 끝과 하드보일드 원더랜드』(2), 349-350쪽).

● **무라카미 하루키의 풍경**

    이것은 굳이 이야기할 필요도 없이 처음부터 알고 있었던 것이다. 이 '세계'를 구성한 것이 '나'라는 사실을 말이다. 무라카미는 이 독아론에서 나올 수 없다. 아무리 가능한 다수세계를 상정하더라도 그 자체가 초월론적 자기의 산물인 이상. 하지만 그는 나올 생각도 없다. 여기서 무라카미 하루키가 말하는 '책임'이란 무엇일까? 《"내게는 나의 책임이 있는 거다"라고 나는 말했다. "나는 내 멋대로 만들어낸 사람이나 세계를 내팽개치고 갈 수는 없어. (중략) 여기는 나 자신의 세계야. 벽은 나 자신을 둘러싼 벽이고 강은 내 안을 흐르는 강이고, 연기는 나 자신을 태우는 연기인 셈이지."》[46]

    이것은 『1973년의 핀볼』에서 '나'가 어떤 핀볼 머신을 찾아내 대면하는 것과 같다. 어찌되든 상관이 없는 '자기 마음대로 만든' 것에 대한 '책임'이란 '무책임'의 다른 이름이다. 무의미한 것에 대한 책임을 강조하는 것은 책임을 무의미화하는 것이다. 이런 식으로 '무책임'이 '윤리'로서

---

[46] 村上春樹, 『世界の終りとハードボイルド·ワンダーランド』 (下), 345頁(무라카미 하루키, 『세계의 끝과 하드보일드 원더랜드』(2), 350쪽).

적극적으로 이야기되고 있다. 즉 모든 것이 놀이임과 동시에 모든 것이 진지한 것이다.

하지만 그것이 우리가 이미 속해 있는 이 세계나 타자성으로부터의 도망이라는 사실을 무라카미 하루키 자신이 알리고 있다. 예를 들어 『1973년의 핀볼』의 처음에 등장하는 '나오코'라는 이름에 주의해야 한다. 다른 이름이 모두 임의적 기호이고, 그 결과 세계는 '나'가 '자기 마음대로 만들어 낸' 것에 불과하지만, 이 흔한 이름만은 이질적인 것으로 존재하면서 임의성에 저항하고 있다.

예를 들어 소쉬르는 그의 언어학에서 이름을 거부하고 있다. 왜냐하면 이름은 항상 언어를 대상과 결부된 것으로 간주하는 사고방식을 강요하기 때문이다. 우리는 고유명과 대립되는 것으로 일반명을 말하지만 엄밀히 말해 일반명이라는 이름은 없다. 일반명이라는 표현은 언어를 사물의 이름처럼 생각하게 만들어버린다. 따라서 소쉬르는 이름을 거부함으로써 언어를 대상과 결부된 것으로서가 아니라 반대로 대상을 분절하고 구성하는 것으로서 문제 삼을 수 있었다. 하지만 그것은 본래의 이름, 즉 고유명의 문제를 무시하는 것이었다. 또 언어와 외계外界의 관계를 근본적으로 놓치게 만든다. 따라서 이로부터 마치 언어의 임의적 차이화가 대상 세계를 마음대로 바꿔버린다는 식의 사고가 생겨난다. 이것은 칸트 이후 관념론의 발생과 평행한다. 즉 세계를 산출하는 '자기'(피히테)나 '정신'(헤겔)이 출현한다. 오늘날 그것은 '텍스트'라고 불리고 있다.

소비사회에서 이런 사고는 분명 어떤 리얼리티를 가지고 있다. 사실 80년대에 어떤 부류의 카피라이터나 이론가들은 다음과 같이 호언장담했다.

> 표가 나지 않는 번역일이든 사기 같은 마가린 광고 카피든 근본은 같아. 분명 실체가 없는 말을 우린 마구 해대고 있지. 그러나 실체 있는 말이 있긴 하는 걸까? 이것 보라구, 성실한 일이란 아무데도 없어. 성실한 호흡과 성실한 소변이 어디에도 없는 것처럼 말이야.[47]

하지만 광고카피가 상품을 팔리게 한다는 생각은 호경기의 착각으로, 머지않아 파는 쪽은 어떤 카피를 사용해도 '물건'이 팔리지 않는 '현실'과 직면한다. 이와 같은 '현실성'은 물건과 언어의 관계와 같은 문제가 아니다. 원래 팔릴지 팔리지 않을지는 타자와의 관계의 문제이다. 임의로 세계를

---

47 村上春樹, 『羊をめぐる冒険』(上), 84頁(무라카미 하루키, 『양을 둘러싼 모험』, 85쪽).

구성할 수 있다는 사고가 파탄에 이르는 것은 대상으로서의 외부가 아니라 타자로서의 외부성에 의해서다.

고유명이 중요한 것은 대상과 결부되어 있기 때문이 아니다. 그보다는 항상 타자에 의해 미리 주어져 있기 때문이다. 바꿔 말해 고유명은 초월론적 주관이 넘어설 수 없는 세계의 외부성을 보여주고 있다. 예를 들어 세계를 산출하고 완료시키는 '정신'은 헤겔이라는 이름으로 불릴 때 곧바로 역사에 소속될 수밖에 없다.

따라서 무라카미 하루키는 이름(고유명)에 집착하고 있다. 그의 작품은 이름이 무엇인지를 끊임없이 묻고 있다.

> "자 여기 좀 볼래."라고 운전수는 고양이에게 말했지만, 역시나 손을 내밀지는 않았다. "이름이 뭐죠?"
> "이름은 없어요."
> "그럼 이 녀석을 뭐라고 부르죠?"
> "부르지 않아요." 나는 말했다. "그저 존재하고 있지요."
> "그렇지만 가만히 있지 않고 어떤 의지를 가지고 움직이지 않나요? 의지를 가지고 움직이는 것에 이름이 없다는 것은 아무래도 이상한 느낌이 드는군요."
> "정어리도 의지를 가지고 움직이지만 누구도 이름

따윈 붙이지 않지요."

"그렇지만 정어리와 인간 사이에는 정서적 교류가 거의 없을 테고 무엇보다도 자신의 이름이 불린다고 해도 이해할 수가 없지요. 그야 뭐 이름을 붙이는 것은 자유지만."

"그 말은 의지를 가지고 움직이고 인간과 감정교류를 할 수 있으며, 게다가 청각을 가진 동물이라면 이름이 붙여질 자격이 있다는 말이 되겠군요."

"그렇겠군요." 운전사는 스스로 납득했다는 듯이 여러 번 끄덕였다. "어때요? 내가 마음대로 이름을 붙여도 괜찮나요?"

"마음대로 하세요. 그런데 어떤 이름을?"

"정어리가 어떨까요? 이제까지 정어리처럼 다루어지고 있었으니까요."

"나쁘진 않군요." 나는 말했다.

"그렇지요?" 하고 운전사는 득의양양하며 말했다.

"어떻게 생각해?" 하고 나는 걸프렌드에게 물어보았다.

"나쁘지 않아." 하고 그녀도 대답했다. "왠지 천지창조 같네."

"여기에 정어리가 있으라." 하고 나는 말했다.

"정어리. 이리 온." 하고 운전수는 말하고 고양이를 품었다. 고양이는 겁에 질려 운전사의 엄지를 깨

물고 방귀를 뀌었다.[48]

여기서는 신이 명명命名을 한다는 신화가 모든 것을 초월론적 주관이 구성한다는 신화로 바뀌었을 뿐이다. 이런 논의에서는 일반명과 고유명이 항상 혼동되고 있다. 근본적으로 말해, 위와 같은 유치한 논의는 유명론자 nominalist 의 것이라고 해도 좋다. 유명론자는 개물이 실체며 고유명으로 표현된다고 주장해왔다(이 경우, 개물이란 사물만을 의미하지는 않는다. 예를 들어 1969년의 학원투쟁 사건도 포함된다. 개물 individual 이란 그 이상 분해하면 사라져버리는 사물이나 사실의 단위를 말한다). 이런 사고는 러셀이 철저히 수행했다. 러셀에 의하면 소위 고유명은 거부되지 않으면 안 된다. 진짜 주어=실체를 지시하는 고유명은 '이것'이나 '그것'이며 보통의 고유명은 예를 들어 후지산이라는 이름이 '일본에서 제일 높은 산'이라는 확정기술로 치환되는 것처럼, 술어의 묶음으로 해소된다고 생각했다. 그렇게 함으로써 소쉬르의 경우와는 다른 의미에서 고유명이 해소되었다.

예를 들어 고양이에 정어리라는 이름이 붙어있어도 이상하지 않다. 그것은 가령 고양이라고 이름을 붙여도 상관이

---

48 村上春樹, 『羊をめぐる冒険』(上), 236-238頁(무라카미 하루키, 『양을 둘러싼 모험』, 229-230쪽).

● 무라카미 하루키의 풍경

없다. 고유명을 고유명답게 하는 것은 개물의 성질도 이름의 성질도 아니기 때문이다. 이름은 개물에 대한 인간의 태도와 관계가 있다. 개물을 단순히 '이것'이나 유類 속의 한 가지로 보는 것이 아니라 '바로 이것'으로 보는 것과 결부되어 있다. 고유명을 확정기술로 해소하는 것은 술어의 묶음으로, 바꿔 말해 일반개념(집합)의 묶음으로 해소하는 것이다. 무라카미 하루키가 열심히 시도하고 있는 것은 고유명 지우기로, 다르게 말하면 이 세계를 임의적인 것으로 만드는 일이다.

그런데 러셀과 같은 사고를 비판하고 고유명의 문제를 회복시킨 크립키는 그것을 가능세계라는 양상이론을 도입함으로 해결했다. 예를 들어 반反사실적 가능세계에서는 "후지산은 일본에서 제일 높은 산이 아니다"라고 말할 수 있다. 그러나 "일본에서 제일 높은 산은 일본에서 제일 높은 산이 아니다"라고 말할 수는 없다. 가능세계를 생각하는 것 자체가 고유명에 의존하는 것이다. 따라서 크립키는 고유명이 단순히 사물을 지시하는 것이 아니라 지시를 고정시키는 것이라고 생각한다.

이 문제에 관해서는 다른 곳에서 자세히 고찰했기 때문에, 여기서는 단지 다음과 같은 점만 지적하겠다.[49] 그것은 '현

---

49 柄谷行人, 『隱喩としての建築』(『定本 柄谷行人集』 2권), 岩波書店, 2004.

실'이 인식론적으로 생각되었을 때와, 가능성이나 필연성이나 우연성에 대해, 즉 양상론적으로 생각되었을 때와는 전혀 다르다는 사실이다. 소쉬르나 러셀이 말하는 세계와 현실은 완전히 인식론적 것으로 보인다. 예를 들어 "1973년이라는 해는 존재하는가?"라는 무라카미 하루키의 물음도 인식론적이다. 그에 대한 답변은 우리가 마음대로 구성한 것밖에 없다는 것이다. 하지만 고유명으로서의 '1973년'은, 말하자면 어떤 사건이 있었는데 그것은 동시에 다른 사건일 수도 있었다, 하지만 실제로 이러했다고 하는 현실성을 지시한다. 그것은 임의성으로 해소되지 않는다.

예를 들어 고바야시 히데오는 다음과 같이 쓰고 있다.

> 사람은 다양한 가능성을 가지고 이 세상에 태어난다. 그는 과학자가 될 수 있고 군인이 될 수 있고 소설가가 될 수도 있다. 하지만 그는 그 이외의 것은 될 수 없었다. 이것은 놀라운 사실이다.[50]

현실성이란 다른 것이 될 수도 있었을 가능성 속에서, 그럼에도 불구하고 바로 이것으로서 있는 것이다. 낭만파란

---

50 小林秀雄,「様々な意匠」,『小林秀雄全作品』(1), 新潮社, 2002, 138頁(고바야시 히데오,「다양한 의장」, 유은경 옮김,『고바야시 히데오 평론집』, 소화, 2003, 15쪽).

이와 같은 피한정성으로부터의 도피이다. 그것은 『세계의 끝과 하드보일드 원더랜드』의 '나'처럼 현실성을 무한한 가능성 속의 임의적인 하나로 본다. 하지만 그것 자체가 그 자신이 한정되어 있다는 것을 보여주고 있다.

'역사'란 위와 같은 의미에서의 '현실성'이다. 그에 반해 고바야시 히데오는 이 놀랄만한 '현실성'을 '필연성'(숙명)으로 받아들이려고 한다. 하지만 그것 역시도 초월론적 주관의 우위(자유)를 확보하려는 또 하나의 수단에 지나지 않는다. 그래서는 머지않아 '역사' 자체가 사라져버린다.

5

이와 같은 의미에서 무라카미 하루키의 정보론적 세계인식이나 '역사의 종언'이라는 인식은 '현실성'으로부터의 도피이자 낭만파적 거부다. 바꿔 말하면 고유명의 거부이다. 그러나 이미 말했듯 무라카미는 고유명을 시차적인 기호, 전형적인 숫자로 바꾸는 시도에도 불구하고, 그것이 불가능하다는 것을 『1973년의 핀볼』의 시작부터 말하고 있다. 그것은 바로 나오코라는 이름이다. '나오코'는 '나'가 붙인 임의적인 이름이 아니다. 그것은 유일하게 바꿀 수 없는 '이것'이라는 것을 보여주고 있다. '1969년'도 마찬가지다.

그런데 『노르웨이의 숲』에서는 나오코가 재등장한다. 그와 동시에 '1969년'이 역사적으로 회고된다. 고유명의 회복이라는 점에서나 '1969년'에 대한 관계라는 점에서 무라카미 하루키의 『노르웨이의 숲』은 거의 같은 시기에 쓰인 오에 겐자부로의 『그리운 시절로 띄우는 편지』와 비교되어야 한다. 오에 겐자부로가 이 작품에서 자신의 작품 『만엔원년의 풋볼』의 세계를 1980년대 중반에 회고한 것처럼, 무라카미 하루키는 『노르웨이의 숲』에서 자신의 작품 『1973년의 핀볼』의 세계를 1980년대 중반에 회고하고 있다. 그리고 『1973년의 핀볼』이 본래 『만엔원년의 풋볼』의 패러디로 쓰였다고 간주하면, 이 두 명의 작가는 같은 시기에 같은 문제로 만나고 있었던 것이다.

그런데 1980년대에 무슨 일이 일어난 것일까? 그들이 부정적 자세나 도피적인 자세로 고집하던 대상이 급격히 소멸되었던 것이다. 구체적으로 말하면, 1980년대 중반 일본의 자본주의 경제는 아메리카를 넘어 세계를 제패한 것처럼 이야기되었다. 그 시기 일본에서는 '포스트모던'이라는 말이 유행하기 시작했는데, 일본의 문맥에서 그것은 '근대의 초극'이라는 슬로건이 실현되었다는 것을 의미한다. 실제

고노에近衛 내각의 '신체제'(1940)에 의해 계획된 것이 이 시기에 실현된 셈이다. 일본사회가 메이지 이후로 고민해 온 '아포리아'(다케우치 요시미[51])는 소멸된 것처럼 보였다. 그런데 이는 일본의 근대문학(소설)을 존립시켜 온 것의 소멸이기도 했다.

아포리아의 소멸은 작가들에게 그것이 존재했던 시대를 회고하게 만들었다. 다만 그때 오에 겐자부로의 『그리운 시절로 보내는 편지』는 상실과 '비탄'의 감정이 넘치고 있는데 반해, 무라카미 하루키의 『노르웨이의 숲』은 태연하다. 그는 이 소설에서 『1973년의 핀볼』에서는 아이러니에 의해 회피되었던 세계를 문제 삼는다. 한마디로 말해 무라카미는 이미 '나오코'라는 이름이 가리키는 역사로부터 해방된 것이다. 로맨틱 아이러니 romantic irony 에서 아이러니가 빠지면 로맨틱이 남는다. 즉 무라카미는 『노르웨이의 숲』에서 그저 romance(러브스토리)를 쓴 것이다.

이제까지 아이러니에 의해 회피되었던 역사에서 해방된 이상, 이제 아이러니는 불필요하며 의미를 낳지도 않는다.

1960년, 보비 비가 '러버 볼'을 부른 해다.[52]

---

51 竹内好(1910-1977) 일본의 중국문학자이자 문예평론가. 루쉰 번역과 연구로 유명하다.

이런 식으로 '무지를 꾸밀' 필요가 없다. 이미 '1960년'을 아는 사람은 소수다. 아니 그러기는커녕 무라카미의 아이러니를 진지하게 받아들이는 사람들이 대다수다. 무라카미가 일찍이 가치전도를 통해 발견한 '풍경'이 지금은 글로벌하게 자명한 풍경이 되었다.

---

52 村上春樹, 『1973年のピンボール』, 17頁(무라카미 하루키, 『1973년의 핀볼』, 140쪽).

소세키의 작품세계

漱石の作品世界

● **소세키의 작품세계**

1 소세키의 수수께끼

나는 1969년에 「의식과 자연―소세키 시론試論」이라는 평론으로 『군조群像』 신인상을 받았습니다. 그것을 쓴 것은 스물여섯 무렵인데 이제 쉰두 살입니다. 그 사이에 많은 소세키론을 썼습니다. 소세키에 대해 계속 생각한 것은 아니고 소세키 연구자라고 말할 처지도 아니지만, 깨닫고 보니 어느새 소세키 관련 글이 상당한 양이 되었습니다. 그래서 작년(1992년)에 『소세키론 집성』이라는 책을 냈습니다. 하지만 그것은 지금까지 생각해온 것을 정리해 세상에 내놓고 평가를 구한다는 의미가 아닙니다. 이것을 출판한 것은 소세키론을 다시 써보자는 생각을 했기 때문입니다. 그리고 그러기 위해서는 일단 지금까지 이곳저곳에

써온 것을 정리해야 홀가분할 것 같은 기분이 들었습니다. 사실 그렇게 생각한 것은 150매[53] 정도의 소세키론을 쓴 때로, 이것은 약 2년 전 『군조』에 발표했습니다만 『소세키론 집성』에는 수록하지 않았습니다.[54] 왜 넣지 않았냐 하면, 그것을 쓰고 나니 새로운 소세키론을 쓸 수 있겠다는 생각이 들어 후속작을 쓰려고 했기 때문입니다. 오늘 할 이야기는 그 글을 기본으로 합니다.

그런데 '새로운' 소세키론을 쓸 수 있겠다는 생각이 들었다고 말씀은 드렸지만, 사실 그것은 내게 새로운 문제가 아닙니다. 왜냐하면 그것은 내가 처음 쓴 「소세키 시론」의 문제를 재고하는 것이었기 때문입니다. 내게 그것은 단순히 첫 '소세키론'이 아니라 말하자면 첫 평론이었습니다. 그러므로 거기에는 내 자신이 십대부터 생각해온 문제가 포함되어 있었습니다. 따라서 그것을 다시 문제 삼는다는 것은 단순히 '소세키론'만의 문제가 아닙니다.

내가 그 글에서 쓴 것은 어떤 수수께끼입니다. 그것은 꼭 소세키가 아니어도 상관이 없었습니다. 나 자신이 느끼던 수수께끼였기 때문입니다. 하지만 소세키를 논하지 않고

---

53 400자 원고지 기준이다. 한국에서 일반적으로 사용하는 200자 원고지로는 300매가 된다.
54 1992년 『군조』(임시증간호)에 발표된 「소세키론」을 가리킨다.

● 소세키의 작품세계

그것을 쓸 수 있다고는 생각하지 않았고, 지금도 그렇게 생각합니다. 그리고 그것을 다시 한 번 생각하기로 마음먹은 것은 소세키가 죽은 나이에 가까워졌을 때입니다. 그렇다면 그것은 어떤 수수께끼일까요. 길지만 그 부분을 인용해 보겠습니다.

> 소세키의 장편소설 특히 『문』, 『춘분 지나고까지』, 『행인』, 『마음』 등을 읽으면 왠지 소설의 주제가 이중으로 분열되어 있을 뿐 아니라, 심한 경우 서로 무관하게 전개되고 있다는 느낌을 강하게 받는다. 예를 들어 『문』의 소스케 宗助의 참선參禪은 그의 죄악감과는 무관하고, 『행인』은 「H로부터의 편지」[55] 부분과 명확히 단절되어 있다. 또 『마음』에 등장하는 선생의 자살도 죄의식과 결부시키기에는 불충분한 뜻밖의 무언가가 있다. 우리는 이것을 어떻게 해석해야 할까. 먼저 이것부터 시작해보자.
> 물론 이것을 단순히 구성적 파탄으로 읽는다면 무의미한 비평으로 끝날 수밖에 없다. 여기에는 소세키가 아무리 기교적으로 숙련되고 능숙한 작가였다고 해도 피할 수가 없었던 내재적 조건이 있었다고 생각해야 한다. 이 점과

---

[55] 주인공의 친구인 H가 쓴 편지.

관련하여 나는 T.S. 엘리어트가 『햄릿』을 논하며 '객관적 상관물'이 결여되었기에 이 극은 실패했다는 지적을 떠올렸다. 엘리어트는 다음과 같이 말하고 있다.

> 햄릿을 지배하고 있는 감정은 표현이 불가능한 것인데, 왜냐하면 그것은 이 작품에서 부여되고 있는 외적 조건을 넘어서고 있기 때문이다. 종종 햄릿은 셰익스피어 자신이라고 이야기된다. 그것은 다음과 같은 점에서 옳은데, 자신의 감정에 상당하는 대상이 존재하지 않기 때문에 발생하는 햄릿의 곤혹스러움이란 자신이 등장하는 작품을 쓴다는 예술상의 문제 하나를 앞에 둔 셰익스피어의 곤혹스러움을 연장한 것이라 할 수 있다. 햄릿의 문제는 그의 혐오감이 그의 어머니에 의해 환기되었지만, 정작 어머니가 그에 대한 충분한 등가물이 아니라는 데 있다. 햄릿의 혐오감은 어머니를 넘어서고 있다. 그것은 이해할 수 없는 감정이기에 객관화할 수 없으며, 따라서 그의 존재에 독소가 되어 행동을 방해한다. 어떤 행동도 이런 감정을 만족시키는 데 이르지 못하고, 마찬가지로 셰익스피어도 어떤 줄거리를 짜더라도 그와 같은 햄릿을 표현하는 것은 어렵다. (중략) 우리는 그저 셰익스피어가 힘에 부치는 문제를 다루려 했다는 결론을 내릴 수밖에 없다. 그가 왜 그런 일을 했는지는 풀 수 없는 수수께끼로, 그가 어떤 종류의 경험을 했기에 표현

● **소세키의 작품세계**

> 이 불가능한 그런 두려운 것을 표현하고자 했는지 알아
> 낼 방법이 우리에게는 없다.56
>
> 완전히 동일한 것을 소세키에 대해서도 말할 수 있다. 예를 들어 『문』에서 소스케의 참선은 삼각관계에 의해 환기된 것이지만 그 삼각관계가 소스케 내부의 고뇌에 필적하지 않아서 다른 방향으로 향할 수밖에 없었던 사실에서 기인한 것이다. 따라서 '줄거리를 아무리 짜더라도 그런 소스케를 표현할 수가 없었기에' 소세키도 '힘에 부치는 문제를 다루려고 했다는 결론'을 내릴 수 있다. 그렇지만 소세키는 '어떤 종류의 경험 때문에' 그와 같은 문제를 갖기에 이르렀을까. 그리고 거기에는 어떤 본질적인 의미가 있을까. 앞으로 내가 논하고자 하는 것은 모두 이 수수께끼와 관련이 있다.57

이상이 옛날에 쓴 「소세키 시론」의 첫 부분입니다. 나는 오늘 『춘분 지나고까지』를 중심으로 이야기를 하겠습니다

---

56 T.S. Eliot, "Hamlet", *Selected Prose*, Penguin book, 1953, p.107-108(T.S. 엘리어트, 「햄릿」, 최종수 옮김, 『문예비평론』, 박영문고, 1974, 34-36쪽), 강조는 인용자.
57 柄谷行人, 「意識と自然」, 『畏怖する人間』, 講談社文芸文庫, 1990, 11-13頁.

만, 이 「소세키 시론」에서는 『춘분 지나고까지』에 관해서는 거의 언급하고 있지 않습니다. 하지만 방금 인용한 문제점은 『춘분 지나고까지』도 해당됩니다. 예를 들어 주인공 스나가는 어머니의 일로 괴로워하지만, 마지막에 깨닫게 되는 것은 어머니(의붓어머니)가 스나가의 문제에 '필적하지 않는다'는 사실이었습니다. 스나가의 '병'은 어머니와의 관계에서 온 것이 분명하지만, 그것을 알아도 스나가는 자신의 고유한 '병'에서 회복하지 못하고 그 병이 어머니와 관계가 없다는 사실을 깨닫게 됩니다.

좀 전에 『햄릿』에 대해 이야기한 것은 이처럼 『춘분 지나고까지』에도 해당됩니다. 동시에 스나가는 햄릿과 달리 무엇이 문제인지는 어느 정도 알고 있습니다. 더구나 이 작품은 "소세키는 '어떤 종류의 경험을 한 결과' 그와 같은 문제를 껴안게 되었는가"를 보여주고 있습니다. 그런 의미에서 이 작품은 소세키 작품 중에서도 예외적입니다. 내가 첫 「소세키 시론」에서 『춘분 지나고까지』를 논하지 않은 것도 이와 관계가 있습니다.

그런데 방금 서술한 문제는 꼭 소세키만의 '수수께끼'가 아닙니다. 만약 그것이 소세키만의 고유한 수수께끼에 불과하다면, 20여 년 동안 내가 그것을 고집했을 리 없습니다. 여기에는 본질적인 문제가 숨어있습니다. 그것을 다시 생각

● **소세키의 작품세계**

하는 것이 새롭게 소세키론을 쓰려는 동기이기도 합니다. 예를 들어 이 수수께끼는 우리가 한편으로 현대의 다양한 상황에서 다양한 타자와의 관계에서 발생하는 문제를 껴안고 살아가면서도, 다른 한편으로 그것과는 다를 뿐 아니라 결코 그것들로 환원될 수 없는 문제를 껴안고 살아가는 것과 연관이 있습니다. 다르게 보면, 한편으로 개개인의 의지를 넘어선 관계들(구조)이 있고, 다른 한편으로 그런 관계들로 환원할 수 없는 실존이 있습니다. 우리는 그 둘 모두를 인정할 수밖에 없으며, 그것들을 이를 방법이 없습니다.

간단한 것은 어느 한쪽만 인정하거나 그것들을 연결시켜 버리는 것입니다. 내가 소세키의 작품에서 발견한 특이한 점은 그럼에도 그가 결코 그렇게 하지 않고 분열을 있는 그대로 그리고 동시에 분석적으로 살았다는 점에 있습니다. 예를 들어 우리는 동시에 여러 가지 레벨에서 살아갑니다. 정치적 레벨, 사회적 레벨, 가족의 레벨 등. 그것은 말하자면 '타자'와의 관계입니다. 한마디로 '타자'라고 하지만 타자와의 관계는 다양한 레벨로 존재합니다. 예를 들어 이성의 타자와 동성의 타자는 다르며, 또 같은 이성이라고 해도 어머니나 자매와 연인·아내의 관계는 서로 다릅니다. 그리고 그들 사이에는 모순과 갈등이 존재합니다.

그런데 그것들과는 다른 레벨의 타자가 있습니다. 자기 자신과의 관계가 바로 그것입니다. 이것도 타자와의 관계라고 하면 기묘하게 생각하실지 모릅니다. 하지만 자기 자신과의 관계라고 할 경우, 자기가 관계하고 있는 자기 자신은 타자입니다. 그러므로 우리는 "난 잘 모르겠다"거나 "내가 왜 그런 일을 했는지 모르겠다"고 말하는 것입니다. 자기 자신이 불투명한 타자성을 가지고 있습니다. 하지만 타자와 다른 것은 자기 자신의 경우 자기와 '동일'하기 때문입니다. 그러므로 일반적으로 그런 것에 의문을 가지지 않습니다. 자기와 타자는 명료하게 구별됩니다.

하지만 자기 자신이 타자처럼 보인다면 어떨까요. 예를 들어 자신이 자신이면서 자신과 같은 느낌이 들지 않습니다. 『갱부』의 주인공이 바로 그러합니다. 타인과의 관계에서 여러 가지 어긋남이 있다고 하더라도 궁극적으로는 자기 자신과의 관계에 어긋남이 있는 것은 아닐까요. 소세키 장편소설의 주인공이 마지막에 깨닫는 것은 항상 그것입니다. 간단히 말하자면 소세키의 주인공들은 일종의 사이코틱한 (정신병적인) 문제를 가지고 있습니다.

소세키는 이런 다양한 레벨을 전혀 제거하지 않은 작가입니다. 그는 20세기 문명의 문제나 천하국가의 문제까지 소설로 쓰려고 한 인물입니다. 그러므로 사회적 레벨에서

● **소세키의 작품세계**

가족, 이성에서 자기 자신과의 관계라는 레벨에 이르기까지 모든 것을 썼습니다. 그런데 바로 그렇기 때문에 다른 레벨의 것들이 그야말로 구별 없이 뒤섞인 채로 나타나고, 돌연 다른 레벨로 이행하는 일이 일어납니다. 예를 들어 『문』에는 타인의 부인을 빼앗은 과거를 가지고 조용히 살아가는 주인공이 나옵니다. 그런데 그는 그 문제에 직면하기보다 아내에게조차 진상을 고백하지 않은 채로 절에서 참선을 합니다. 『행인』에서는 아내의 사랑을 확인하지 못해서 안절부절 못하는 주인공이 결국에는 자신의 고뇌가 아내 때문이 아니라는 사실을 깨닫습니다. 『마음』의 선생도 그렇습니다. 그는 아내에게 아무런 이야기도 하지 않고 자살합니다. 『행인』의 이치로는 "자살이나 종교나 광기밖에 없다"고 말하는데, 소세키 자신이 그것을 『마음』, 『문』, 『행인』이라는 작품에서 각각 썼다고 말할 수 있습니다.

정리하면 소세키의 장편소설에서는 타자와의 갈등이 제시되고 그것이 타자와의 관계에서는 해결될 수 없는 '자기'의 문제로 전환된 후, 『행인』의 이치로가 한 말을 빌리자면 '자살이나 종교나 광기'로 끝나게 됩니다. 바꿔 말해 타자와의 관계라는 레벨에서 갑자기 자기 자신과의 관계라는 레벨로 이행해 버립니다. 그 결과 내가 '구조적 균열'이라고 이야기한 것이 나타날 수밖에 없습니다.

나는 그것을 과거에 쓴 소세키론(「의식과 자연」)에서 윤리적 위상과 존재론적 위상이라는 식으로 구별했습니다. '윤리적'이라는 것은 말하자면 실제 타인과의 관계에서의 위상입니다. '존재론적'이라는 것은 말하자면 자기 자신과의 관계에서의 위상입니다. 이 두 가지가 소세키의 소설에서는 동시에 등장합니다. 정확히 말하면, '존재론적' 레벨은 마지막에 갑자기 출현합니다. 그리고 그것이 소설을 기묘하게 파탄시킵니다. 이것은 햄릿이 파탄시키고 있는 것과 같은 종류의 파탄입니다. 어딘가에서 기묘하게 어긋나고 있습니다. 소세키의 장편소설을 읽는 사람은 어떤 작품을 읽어도 그와 같은 기묘한 인상을 받을 것입니다.

 그래서 저는 과거에 그것을 이런 식으로 말한 것입니다. "주인공들이 본래 윤리적인 문제를 존재론적으로 풀려고 하고 본래 존재론적인 문제를 윤리적으로 풀려고 한 결과 소설이 구성적으로 파탄난 것이다."[58] 예를 들어 '존재론적인 문제를 윤리적으로 풀려고 했다'는 말은 『행인』에서라면 이치로가 자신의 존재론적인 고뇌를 아내가 자신을 사랑하지 않는 것은 아닐까 하는 시의심猜疑心[59]으로 환원하는 것을 이야기합니다. 이어서 '윤리적 문제를 존재론적으로

---

58 柄谷行人, 「意識と自然」, 위의 책, 36頁.
59 시기하고 의심하는 마음.

● 소세키의 작품세계

풀려고 했다'는 말은 그토록 아내의 사랑을 확인하려고 하면서도 그것을 자기 자신과의 관계의 문제로 환원해버리는 것을 이야기합니다. 그것은 다른 작품에서도 보입니다.

에토 준은 이런 식으로 주인공이 타자와의 관계라는 레벨에서 나와 버리는 것을 이십 년보다 더 이전에 『나쓰메 소세키』라는 책에서(그의 데뷔작입니다) '타자로부터의 도망'으로 비판했습니다.[60] 그런데 내가 「소세키 시론」에서 생각한 것은 그렇지 않다는 것이었습니다. 즉 주인공들은 타자에게서 도망친 것이 아니라 오히려 다른 타자와 마주하려고 했던 것은 아닐까 하는 것이었습니다. 앞서 말한 것처럼 자기 자신과의 관계도 어떤 의미에서 타자와의 관계입니다. 아니 그보다 주인공들에게는 자기 자신이야말로 타자였습니다. 확실히 그들은 도중에 타자를 내팽개치고 자기로 향합니다. 그런데 그것이 도망이나 도피일까요.

보통의 작가라면 자기와 타자를 확실히 구별합니다. 즉 타자와의 관계라는 레벨과 자신의 내면 문제를 혼동하지 않습니다. 그런데 '자신'이 그 정도로 확실한 것일까요. 또는

---

60 에토 준은 1955년 『미타문학三田文学』에 「나쓰메 소세키론」을 발표한 뒤 이듬해에 데뷔작 『나쓰메 소세키』(1956)를 출간한다. 그로부터 13년 후 가라타니 고진은 「의식과 자연-소세키 시론」(1969)으로 문단에 나온다.

'자신'은 적극적으로 존재할까요. 소세키의 경우 그것은 확실하지 않습니다. 그것은 단순한 이론적 반성과 다릅니다. 『행인』의 이치로는 자신이 느끼는 것은 '머리의 두려움'이 아니라 '심장의 두려움'이라고 말하고 있습니다. 나는 소세키가 그와 같은 '심장의 두려움'을 품고 있었던 사람이라고 생각합니다. 그것은 명확히 정신병적인 문제입니다.

하지만 그것은 소세키의 문제를 단순히 병으로 보는 것이 아닙니다. 그저 병이었다면 이런 것을 쓰지는 못했을 것입니다. 더구나 소세키 자신은 이 '병'을 대상화하려고 했습니다. 특히 『춘분 지나고까지』에서 그것은 상당히 분석적으로 깊은 레벨까지 육박하고 있습니다. 과거에 나는 그것을 '존재론적 레벨'이라고 불렀습니다만, 지금은 그런 표현을 쓰고 싶지 않습니다. 왜냐하면 그렇게 표현하면 역시나 심리학적인 문제가 되어버리기 때문입니다. 현재의 나는 이렇게 말하고 싶습니다. 그것은 소세키가 무엇으로도 표현할 수 없는 것, 즉 언어화될 수 없는 것에 육박하려고 한 것이다. 이렇게 말하는 것은 소세키의 작품을 심리학적으로 읽는 것이 아니라 텍스트로 읽는 것입니다. 바꿔 말해 소세키는 표상이나 언어화를 할 수 없는 것을 언어화하려고 악전고투했다 하겠습니다.

● 소세키의 작품세계

2 괴짜로서의 소세키 작품

잘 아시겠지만 소세키는 다양한 텍스트를 남겼습니다. 다양한 장르라고 해도 좋습니다. 매우 이례적이지요. 이런 작가는 그 외에는 없습니다. 나는 「소세키 시론」에서 장편소설만을 문제 삼았습니다. 하지만 그것만으로는 불충분합니다. 왜냐하면 장편소설에 어떤 '구조적 균열'이 있다면, 그리고 그것이 소세키의 고유한 문제 때문이라면, 그것은 근대소설이 이미 확립되었던 시기에 그처럼 다양한 장르를 한꺼번에 썼다는 것과 분리할 수 없기 때문입니다.

소세키는 자신이 젊은 시절 '괴짜変物'로 간주되었다는 사실을 회상합니다. 그런데 중요한 것은 소세키의 작품이 동시대에 '괴짜'였다는 사실입니다. 자연주의의 전성기였던 시기 『나는 고양이로소이다』나 『우미인초』를 쓰던 소세키를 생각해 보시기 바랍니다. 그 무렵 시마자키 도손[61]은 『파계』를 쓰고 있었습니다. 『우미인초』는 그와 비교하면

---

61 島崎藤村(1872-1943) 일본근대문학을 대표하는 시인이자 소설가. 최초의 근대적 장편소설로 평가받는 『파계』 이외 『집』, 『신생』, 『동틀 무렵』 등 많은 문제작을 남겼다.

매우 낡았습니다. 한문적 미문美文으로 덕지덕지 두꺼운 화장을 한 것이었습니다. 그래서 마사무네 하쿠초는 그 작품을 '현대화한 바킨馬琴'이라고 부르며 혹평했습니다.

확실히 그것은 낡았습니다. 그런데 소세키는 왜 그런 작품을 쓰기 시작한 것일까요. 동시대 서양소설을 몰랐을까요. 자연주의자는 서양소설 흉내를 내고 있었지만 그는 그렇게 하지 않았습니다. 하지만 소세키는 일본의 자연주의자보다 동시대 서양소설에 대해 잘 알고 있었습니다. 그럼에도 그렇게 하지 않았습니다. 이것도 '수수께끼'입니다. 그리고 이것은 처음에 말한 '수수께끼'와 무관하지 않습니다.

이것과 관련해서는 두 가지 방향에서 생각할 수 있습니다. 하나는 일본 내부에서입니다. 메이지 10년대와 20년대에는 '문文'이라는 장르가 있었습니다. 마사오카 시키가 시작한 사생문도 그 중 하나였습니다. 예를 들어 소세키는 「런던탑」이라는 단편은 물론이고 『나는 고양이로소이다』도 사생문으로 썼습니다. 소설로 쓴 것이 아닙니다.

사생문이라고 하면 스케치 같은 것으로 생각하지만 그렇지 않습니다. 말하자면 『나는 고양이로소이다』를 포함한 것입니다. 그것은 원래 하이쿠俳句나 하이카이俳諧에서 온 것이기에 골계적 요소를 가지고 있습니다. 사생문은 언문일치 운동의 일환으로 나타났습니다. 즉 새로운 문 만들기는

● **소세키의 작품세계**

메이지 20년대에서 30년대에 걸쳐 필연적으로 등장한 문제였습니다. 이때 후타바테이 시메이의 『뜬구름』이 최초의 언문일치 소설이라는 식으로 이야기됩니다. 하지만 후타바테이 시메이는 그것을 완성시킬 수 없었을 뿐만 아니라 소설을 쓰는 것조차 그만두었습니다. 초기에 언문일치를 시도한다는 것은 매우 어려운 일이었기 때문입니다. 모리 오가이는 의고문으로 글을 썼고 시키를 중심으로 한 하이쿠 서클에서는 사생문이 나왔습니다.

메이지 30년대 정도에는 대체로 언문일치가 확립됩니다. 하지만 후타바테이 시메이가 쓴 『뜬구름』의 연장선상이었다고 말할 수 없습니다. 오히려 그가 번역한 투르게네프 등의 영향이었습니다. 즉 확립된 언문일치의 문文은 서양소설의 번역을 통해 이루어졌던 것입니다. 그것은 하이쿠에서 시작되어온 사생문과는 이질적입니다. 메이지 40년 무렵에는 그것들이 서로 융합되어 거의 구별되지 않게 됩니다. 하지만 소세키는 어떤 의미에서 '사생문'의 본질을 유지하고 있었습니다. 그것이 『나는 고양이로소이다』 등의 작품으로 나타난 것입니다. 다카하마 교시를 포함하여 사생문을 쓴 사람들은 소세키만큼 '사생문'의 특징을 가지고 있지 않았습니다. 그러므로 후타바테이의 번역을 통해 확대된 언문일치 소설과 서로 융합되었습니다.

그런데 소세키만은 극단적으로 달랐습니다. 일본에 국한시켜 생각할 때 그 이유를 설명하는 것은 불가능합니다. 그는 영문학자였고 영국유학을 다녀왔습니다. 그때 소세키는 18세기 소설에 큰 관심을 가지고 연구했습니다. 예를 들어 스위프트나 로렌스 스턴(『트리스트럼 샌디』의 저자)을 말입니다. 그는 스턴에 관해 쓰려고 하면서도 거의 쓰지 않았지만 스위프트에 대해서는 꽤 많이 쓰고 있습니다. 당연히 스위프트는 '괴짜'입니다. 소세키는 스위프트에게 강한 공감을 느꼈습니다. 그는 자신의 '괴짜'성을 스위프트에게서 보려고 했음이 분명합니다.

그런데 지금 이야기해야 하는 것은 첫째로 스위프트나 스턴의 작품이 우리에게 익숙한 19세기 이후의 '근대소설'과는 완전히 이질적이라는 점입니다. 같은 18세기에 쓰이진 디포의 『로빈슨 크루소』는 그렇지 않습니다. 하지만 소세키는 디포의 문장을 왜인지는 모르지만 싫어했습니다. 이로써 말할 수 있는 것은 첫째 소세키가 일본의 '사생문'과 18세기 소설들의 유사성을 인지하고 있었다는 점입니다. 둘째 일본의 '사생문'가들이 협소한 영역에 있었던 데에 반해, 소세키는 그것을 세계문학과 결부시키고 있었다는 점입니다.

바꿔 말해 소세키는 '근대소설'에 의해 배제되었던 장르인 '문'을 '사생문'을 통해 전부 보여주고 있었다고 말할 수

● **소세키의 작품세계**

있습니다. 예를 들어 소세키에게 사생문은 『나는 고양이로소이다』와 같은 작품은 물론 『양허집漾虛集』에 수록된 로맨스도 포함합니다. 노드롭 프라이는 픽션의 장르를 로맨스, 고백, 아나토미(풍자 등을 포함한), 소설이라는 네 종류로 나누고 있는데, 소세키는 그 전부를 썼습니다. 그리고 그것은 '사생문'으로 쓴 것입니다. 즉 '사생문'이라는 개념이 없었다면, 소세키도 그와 같은 일은 분명 불가능했을 것입니다.

그런데 주의할 점은 소세키가 일본의 사생문을 18세기 영문학과 결부시킬 때 그가 영문학의 권위에 기초하여 그렇게 한 것이 아니라는 사실입니다. 왜냐하면 그가 유학한 시점에 영문학의 주류는 19세기 프랑스문학의 영향 하에 있었기 때문입니다. 18세기 소설은 미숙한 것으로 생각되었고 그것을 중요하게 생각하는 사람은 없었습니다. 그런 분위기에서 18세기 소설을 중시했기 때문에 소세키는 역시나 '괴짜'였습니다. 영문학자로서의 소세키가 가진 고독감도 거기에서 왔습니다. 그는 '자기본위'라는 것을 유학중에 생각했다고 이야기하는데, 바로 이런 입장과 관계가 있습니다. 즉 영국인의 인정이나 평가를 따를 필요가 없다는 것입니다.

이런 '자기본위'의 자세는 일본에 돌아와서도 계속됩니다. 앞서 말한 것처럼 일본소설은 프랑스에서 온 자연주의 소설을 모범으로 삼고 있었습니다. 그 이외는 낡았다고 이야기되었습니다. 그런 가운데에서 소세키는 『나는 고양이로소이다』와 같은 것을 당당히 썼습니다. 소세키는 이 작품이 대중적으로는 인기가 있지만 주류 문단으로부터는 바보취급을 받고 있다는 사실을 알고 있었습니다. 그것은 나중에 이야기하는 것처럼 『춘분 지나고까지』의 서문에 쓴 것과 이어지고 있습니다.

소세키는 '자기본위'를 끝까지 관철했습니다. 즉 근대소설과는 이질적인, 근대소설에 들어가지 않는 많은 장르의 작품을 의도적으로 썼습니다. 하지만 이런 '자기본위'의 자세에는 단순한 독립심과는 다른, 그가 스위프트에 대해 썼듯 '괴짜'적인 것이 있습니다. 단순히 근대소설 비판과 같은 것이 아니라 어쩔 수 없는 필연성이 자신에게 있었다는 말입니다. 바꿔 말해 그와 같은 장르로만 그가 느끼고 있던 문제를 쓸 수 있었던 것입니다. 그러므로 이어서 근대소설과 '사생문'의 차이를 간단히 살펴보고 싶습니다.

● 소세키의 작품세계

3 사생문의 위상

　근대소설의 특징 중 하나는 삼인칭 객관묘사에 있습니다. 그런데 삼인칭 객관묘사는 원래 일인칭에서 시작되었습니다. 기존 소설에는 화자의 존재가 분명합니다. 그러므로 "그는 ~ "이라고 쓰지만 그것을 말하는 화자는 계속 얼굴을 내밀고 있습니다. 설사 얼굴을 내밀지 않아도 '그'가 알 수 없는 상황을 이야기합니다. 이와 같은 형식에서 곧바로 삼인칭 객관묘사가 나오지는 않습니다. 먼저 처음에 일인칭 소설이 필요합니다. 일인칭에서는 '나' 자체가 화자입니다. 그러므로 화자와 주인공의 차이가 사라집니다. 그 결과 독자는 '주인공=나'의 안에 들어갈 수 있는 것처럼 느낍니다.

　예를 들어 18세기의 『로빈슨 크루소』는 일인칭으로 쓰였습니다. 일본에서라면 모리 오가이의 「무희」가 일인칭입니다. 그런데 일인칭으로 소설을 쓴다는 것은 실로 획기적인 일이었습니다. 왜냐하면 그때까지 "나는 ~ "식의 일인칭 글쓰기는 기본적으로 '화자=저자'인 실화에 국한되었기 때문입니다. 그런 의미에서 "나는 ~ "라는 글쓰기방식으로 소설(픽션)을 쓰는 것은 매우 헷갈리기 쉬운 일이어서 지금도 그것을 착각하여 트러블이 일어날 정도입니다. 예를 들어

사소설은 그 자체가 픽션인데도 불구하고 사실로 생각하는 사람이 있으며, 또 사소설 작가 자신이 그런 착각을 이용하기도 합니다. 즉 일인칭 소설은 이야기되고 있는 것이 리얼하다는 착각을 이용하는 것으로 리얼리즘의 출현에서 불가결한 것입니다.

삼인칭 소설은 이 일인칭을 삼인칭으로 바꿀 때에 등장합니다. 즉 "나는 ~ " 대신에 "그는 ~ "이라고 쓰는 것입니다. 이것은 쉬워 보일지 몰라도 결코 그렇지 않습니다. 리차드슨의 『파멜라』라는 작품이 그렇습니다만, 18세기의 영국소설은 편지교환 즉 복수의 일인칭이 교차하는 방식으로 쓰였습니다. 삼인칭 객관소설은 그 이후에 출현합니다. 그런데 기존 소설처럼 삼인칭으로 쓰면 화자가 사라집니다. 따라서 주인공이 알 수 없는 것들이 이야기되고 있는데도 불구하고, 독자는 주인공='그' 안에 곧바로 들어갈 수 있을 것 같은 느낌이 듭니다. 이것은 물론 근대소설의 장치입니다. 익숙해지면 당연한 것이 되지만 실은 인공적인 장치입니다.

예를 들어 영화에서도 하나의 쇼트와 다음 쇼트는 비연속적이지만 바로 그것에서 어떤 연결이나 인과를 읽어냅니다. 하지만 영화가 생겼을 당시의 관객들은 그것을 이해하지 못했습니다. 영화를 보는 것이 익숙해지자 그와 같은 영상문법을 습득하게 된 것입니다. 마찬가지로 근대소설도 익숙해

● **소세키의 작품세계**

지면 그것이 새로운 장치라는 사실을 잊어버립니다. 매우 자연스럽게 보이는 것이지요.

여기서 '사생문'에 대해 생각해 보겠습니다. 소세키의 소설에는 대부분 화자가 존재합니다. 예를 들어 『나는 고양이로소이다』는 일인칭이기에 화자가 당연히 있는데, 이 '고양이'는 한편으로 높은 곳에 있으면서 다른 한편으로는 인간들에 의해 바보취급을 당하는 낮은 곳에 있습니다. 사생문의 '이야기'란 바로 그런 것입니다. 소세키는 런던에서 「런던소식」이라는 것을 써서 보냈는데, 여기에 이런 대목이 있습니다. 영국에 온 후 키가 큰 사람들에게 둘러싸이게 되니 불쾌하다, 키가 큰 녀석들에게는 그 큰 키만큼 세금을 거두어야 한다는 식의 이야기를 합니다. 그런데 어느 날 길을 걷고 있는데 반대편에서 난쟁이 같은 녀석이 다가오고 있는 것이었습니다. 알고 보니 거울에 비친 자신의 모습이었습니다. "어쩔 수 없이 쓴웃음을 짓자 반대편도 쓴웃음을 진다. 이것은 당연한 이치다"라는 것을 쓰고 있습니다.

자신이 키 작은 남자를 깔본 순간, 깔봄을 당한 남자가 자기 자신이었다는 것입니다. 아마 『나는 고양이로소이다』의 '나'는 이런 시점에서 쓰였다고 말할 수 있습니다. 이 작품은 풍자로서 자주 이야기됩니다만, 풍자란 일관되게 높은 곳에 있는 사람의 시점으로 쓰는 것입니다. '고양이'는 그런 존재가 아닙니다. 실제 등장인물들에 의해 항상 조롱을 당하고 바보취급을 당합니다. 그리고 마지막에는 독에 빠져서 죽습니다. 여하튼 화자는 높은 레벨에 있으면서도 항상 낮은 레벨에 속해 있다는 이중성을 가지고 있습니다. 이것이 사생문의 발화적 특징입니다. 삼인칭 객관묘사와 같은 중립적인 neutral 초월적 레벨과는 다릅니다.

물론 『나는 고양이로소이다』나 『도련님』 등을 제외하면 소세키의 많은 작품이 삼인칭이지만, 그 작품들에는 사생문의 '발화'가 등장합니다. 화자는 문명비판을 하기도 합니다. 예를 들어 오늘 이야기할 『춘분 지나고까지』도 처음에는 게이타로라는 인물이 등장합니다만 삼인칭 객관묘사로 쓰여 있지 않습니다. 화자가 명확히 존재합니다. 그러므로 왠지 유머러스합니다. 사생문의 특징이란 이런 것입니다. 그런데 이 작품에는 '스나가의 이야기話'와 '마쓰모토의 이야기', 마지막으로 '스나가의 편지'라는 식으로 일인칭으로 쓰인 부분이 존재합니다. 여기에는 유머가 없습니다.

하지만 앞서 말한 것처럼 편지나 이야기話를 넣는 것은 삼인칭 객관묘사가 성립하기 전의 형태입니다. 『행인』이나 『마음』도 그처럼 편지를 사용합니다. 삼인칭 객관묘사에 근접한 것을 쓴 작품은 『한눈팔기』가 처음이라고 할 수 있습니다. 그래서 이 작품은 처음으로 문단의 긍정적 평가를

● 소세키의 작품세계

받았습니다. 자연주의적이라고 생각되었기 때문입니다. 하지만 그와 같은 평가는 내용이 아니라 형식과 관련이 있었습니다. 그렇다면 소세키는 왜 삼인칭 객관묘사로 쓰지 않았던 것일까요. 왜 그는 그것을 거부했던 것일까요. 이것도 '수수께끼'입니다. 그리고 이 '수수께끼'는 맨 처음에 이야기한 것과 연결되어 있습니다.

근대소설의 특질인 삼인칭 객관묘사와 관련하여 한 가지 더 이야기해 두고 싶은 게 있습니다. 그것은 삼인칭 객관묘사에서는 어미가 반드시 '다'로 끝난다는 사실입니다. 프랑스어라면 단순과거라고 할 수 있는데, 일본어에는 본질적으로 과거형이라는 것이 없기 때문에 문말에 과거를 지시하는 문말사文末詞를 붙였습니다. 기존 문어에서 문말사는 다양하게 존재했습니다. 'つ', 'ぬ', 'けり'처럼 말입니다. 그런데 이것들에는 차이가 존재합니다. 서양문법으로 완료형에 해당하거나 'けり'처럼 전문傳聞을 의미하는 것도 있습니다. 언문일치에서는 이것들이 '다だ'로 통일되었습니다. 언문일치 소설의 '다'는 프랑스어의 단순과거에 대응합니다. 이 '다'를 통해 전체를 회상할 수 있는 초월적 시점이 확보되는 것입니다. 삼인칭 객관묘사에서는 화자가 사라진다고 말하는데, 그것은 이와 같은 '다'에 의해 비로소 가능한 것입니다.

그에 반해 사생문은 대부분 현재형입니다. '다'를 사용하는 경우가 없지는 않습니다. 하지만 기본적으로 언제나 현재입니다. 현재진행형이라고 해도 좋은데 영어의 진행형이 아니라 끊임없이 현재로서의 사태입니다. 내용이 과거의 것이라고 하더라도 끊임없이 현재로서 쓰이고 있습니다. 결코 회상하는 형태로 종결되지 않습니다.

예를 들어 소세키는 『우미인초』 이후에 『갱부』라는 작품을 씁니다. 이 작품은 일인칭('자신')으로 쓰여 있습니다. 하지만 회상이 아닙니다. 주인공은 거의 자신을 자신이라고 생각하지 않습니다. 자신을 자신으로 느끼지 못하고 바깥세계도 실감하지 못하는 인물입니다. 그것은 흡사 이인증離人症이나 분열병적 증상입니다. 그런 인물이 비틀비틀 산길을 걸어 어느새 탄광 현장으로 들어갑니다. 그리고 마지막에 그런 상태에서 치유된 후 도쿄로 돌아갑니다. 그런데 이 작품은 보통 현재진행형으로 쓰여 있습니다. 바꿔 말해 '다'가 사용되고 있지 않습니다. 즉 과거를 통합하는 시점에서 쓰이고 있는 것이 아니라 그때그때 되어가는 대로 진행되는 사태가 쓰여 있습니다.

하지만 만약 사생문이 아니라 일인칭으로 이런 심리상태를 쓴다면 어떻게 될까요. 분명히 매우 심각해질 것입니다. 예를 들어 아쿠타가와 류노스케가 쓴 만년의 작품인 「톱니바

● **소세키의 작품세계**

퀴」 등은 그런 병적 상태를 안쪽에서 쓴 것입니다. 그런데 『갱부』에는 어떤 여유나 유머가 있습니다. 그것은 바로 사생문의 '발화'이기 때문입니다. 즉 병적이면서 동시에 그 바깥에 서있기 때문입니다. 바꿔 말해 메타레벨에 서있습니다. 하지만 그것은 '객관적'으로 보는 것과는 다릅니다.

4 표상되지 않는 물자체

『갱부』의 인물은 분열병적입니다. 그는 자신이 자신과 같은 느낌이 들지 않습니다. 그러므로 이렇게 말합니다. "인간 안에서 하나로 뭉친 것은 몸뿐이다. 몸이 하나로 뭉쳐 있으니 마음 역시 하나로 정리된 것이라 생각해 어제와 오늘 완전히 반대되는 일을 하면서도 원래대로의 자신이라며 아무렇지 않게 넘기는 일이 꽤 많다. 뿐만 아니라 일단 책임 문제가 생기고 자신의 변심을 힐난당할 때조차, 아니 내 마음은 기억이 있을 뿐이고 실은 따로따로 흩어져 있으니까요, 라고 대답하는 사람이 없는 것은 왜일까. 이런 모순을 종종 경험한 나도 억지라고 생각하면서도 약간은 책임을 느끼는 것 같다. 그러고 보니 인간은 매우 쉽게 사회의 희생양이 되도록 만들어졌다."[62]

하지만 이 인물이 말하고 있는 것은 특별히 망상 같은 것이 아닙니다. 18세기 영국의 경험론자 흄이 말한 것과 대응하고 있습니다. 흄은 철저히 회의했습니다. 그는 인과성이란 두 가지 사태를 인접적이고 연속적으로 보는 습관에

---

62 夏目漱石, 『坑夫』, 『漱石全集』(第六卷), 岩波書店, 1956, 22頁(나쓰메 소세키, 『갱부』, 송태욱 옮김, 현암사, 2014, 42-43쪽).

● **소세키의 작품세계**

지나지 않다고 했습니다. 자기에 관해서도 마찬가지였습니다. 다수의 자기가 있을 뿐 동일성으로서의 자기는 존재하지 않는다고 말했습니다. 소세키의 표현으로 빌리자면 그것은 '사회'적 습관에 지나지 않습니다. 하지만 말은 그렇게 했지만 흄의 경우는 어디까지나 철학적 회의였고 일상적으로는 매우 평범하게 살았습니다. 그런데 이 '회의'로 현실을 살아간다면 어떻게 될까요. 아마도 『갱부』의 인물처럼 될 것입니다.

소세키는 아마 그와 같은 체험을 했을 것이 분명합니다. 그런데 그는 흄의 철학도 잘 알고 있었을 것입니다. 왜냐하면 그가 가장 좋아한 로렌스 스턴이 명확히 흄 철학을 반영하고 있었기 때문입니다. 그런데 이 흄의 회의에 충격을 받은 철학자가 있습니다. 『순수이성비판』을 쓴 칸트입니다. 흄에 따르면 과학적 법칙은 습관에 지나지 않으며 '자기'도 습관에 지나지 않습니다. 하지만 칸트는 그 정도로 마무리를 짓지 않았습니다. 과학적 인식이나 자기가 어떻게 성립하는지를 기초지으려고 했습니다.

런던에 있던 소세키는 『문학론』에서 같은 문제를 사고했습니다. 즉 소세키는 흄과 같은 회의를 보여주고 있습니다. 서양인은 서양문학을 보편적이라고 생각하는데 그것은 서양인이 (습관에 의해) 익숙하기 때문이며, 그와 같은 문화적 배경을 공유하지 않는 사람에게는 받아들여질 수 없다. 소세키는 동양문학도 마찬가지라고 말합니다. 그런데 그는 거기에 머물지 않습니다. 소세키는 취미는 상대적이지만 보편성이 있어야 한다고 생각했습니다. 이 경우 소세키는 소재는 분명 다르지만 소재와 소재의 관계구조(형식)는 동일하다고 생각했습니다. 일종의 형식주의이자 구조주의입니다. 그런 의미에서 소세키는 칸트가 만난 문제를 다시 한 번 만나고 있습니다. 물론 흄도 칸트도 18세기 사람이기 때문에 낡았다고 생각할지 모릅니다. 하지만 결코 그렇지 않습니다.

칸트는 흄에 대해 이렇게 생각했습니다. 흄에 따르면 인간의 인식은 모두 감각에 근거하고 있다. 그런데 칸트는 인식이 감성적인 내용에 근거하고 있다는 점을 인정하면서도, 다른 한편으로 '인식'(과학적 인식이라고 해도 좋습니다만)은 인간이 아프리오리하게(경험에 앞서) 가지는 감성형식이나 오성의 카테고리를 능동적으로 투입함으로써 성립하는 것이라고 생각했습니다. 즉 사물의 내용은 다양하지만 구조는 보편적이며 주관이 구성하는 것이라고 말입니다. 우리가 인식하는 것은 주관이 그와 같이 구성한 '현상'입니다. 하지만 칸트는 '물자체'는 알 수 없다고 말합니다. 이는 관념론이 아닙니다. 그는 '사물'이 외부에 있어서 우리의 감관을 촉발

● 소세키의 작품세계

하며 그것 없이는 인식도 없다고 전제했는데, 단 '물자체'는 알 수 없다는 것입니다.

  이 '물자체'라는 사고는 칸트 이후 평판이 나빴기 때문에 곧바로 부정되었습니다. 그런데 내가 생각하기에는 이런 사고야말로 정말 중요합니다. '물자체'는 우리의 주관적 형식에 의해 구성되는 '현상'에서는 누락될 수밖에 없는 것입니다. 여기서 '형식'을 언어로 바꿔 말하면, 우리가 파악하고 있는 세계나 역사는 언어에 의해 구성된 것이라는 사고가 됩니다. 이것은 오늘날 지배적인 사고방식입니다. 이런 문맥에서 '물자체'는 무엇을 의미할까요. 그것은 어떻게 하더라도 어긋나는 것이 있다는 말입니다. 우리는 세계를 능동적으로 구성하고 있는 것처럼 생각하지만, 근본적인 부분에서는 감성적인 수동성으로서 존재한다는 것입니다. 대개 '물자체'는 흄이 말한 것처럼 다양하고 유동적이고 인과성이 성립하지 않는 영역입니다. 말하자면 칸트는 흄이 말하는 감각을 '물자체' 쪽으로 보냈다고 해도 좋습니다. 물론 우리는 '물자체'라는 말 자체를 사용할 필요는 없습니다. 같은 단어를 사용하지 않았다고 하더라도 예를 들어 마르크스, 니체, 프로이트와 같은 사상가에게는 그것이 다른 형태로 살아있습니다. 예를 들어 프로이트가 발견한 '무의식'이란 말하자면 물자체입니다. 우리는 의식에서 어떤 사항의 원인을 알고 있다고 생각하지만 사실 그것은 구성된 '현상'으로, 우리를 촉발시키는 '원인'에 대해서는 알지 못합니다. 후자가 무의식입니다. 마르크스는 그와 같은 '원인'을 역사적·경제적 하부구조로서 발견했다고 말할 수 있습니다. 그가 말하는 '하부구조'란 우리가 알고 있는 경제적 상태가 아닙니다. 그와 같은 것은 이미 '현상'입니다. 역사학자나 경제학자가 아는 것은 현상입니다. 하지만 그와 같은 역사학자나 경제학자를 끊임없이 움직이지만 정작 그들이 의식할 수 없는 역사성, 그것이 말하자면 '물자체'입니다.

그런데 현대적 프로이트파인 라캉이라는 인물은 프로이트를 좀 더 칸트적인 구조로 해석하고 있습니다. 그는 심리영역을 리얼한 것, 상징적인 것, 상상적인 것으로 삼분하고 있습니다. 상징적인 것이란 말하자면 언어형식으로 조직되는 것입니다. 칸트식으로 말하면 감성의 형식과 오성의 카테고리입니다. 그리고 상상적인 것은 칸트가 말하는 구상력입니다. 이것은 감성과 오성을 연결시키는 것입니다. 문제는 어느 쪽이든 리얼한 것은 결코 언어화되지 않고 표상되지 않는다는 점입니다.

왜 이런 이야기를 하는가 하면, 소세키라는 작가는 이런 결코 표상되지 않는 '물자체'나 '리얼한 것'에 끊임없이 위협을 받은 작가였기 때문입니다. 앞서 나는 근대소설을

● **소세키의 작품세계**

하나의 장치라고 말했습니다. 그것은 바꿔 말해 근대소설이란 하나의 형식(상징적인 것)이라는 말입니다. 그리고 소세키는 그와 같은 형식에 들어가지 않은 탓에 끊임없이 부대꼈고, 또 그것을 파악하려고 했다는 것입니다. 이는 한편으로 소세키의 '병'이 되었을 테고 다른 한편으로 소세키가 결코 근대소설의 구조를 가지고 쓰지 않았다는 의미입니다.

5 이념으로서의 구성

 '삼인칭 객관묘사=리얼리즘'이라는 것은 말하자면 근대 과학의 인식과 대응합니다. 그와 같은 세계 자체가 있는 것이 아니라 바로 그와 같은 형식이 성립시키는 '현상'으로서의 세계가 있는 것입니다. 그에 반해 반리얼리즘적 이야기나 환상문학은 어떨까요. 이것은 말하자면 '상상적인 것'에 지나지 않습니다. 즉 리얼리즘과 반리얼리즘은 같은 레벨에 존재합니다. 예를 들어 일본의 근대문학은 자연주의로 대표되지만, 다른 한편으로 이즈미 교카[63]와 같은 사람이 있습니다. 이들은 서로 대립적으로서 보이지만 예를 들어 야나기타 구니오와 같은 사람은 양쪽을 다 하고 있습니다. 자연주의의 할아버지이자 동시에 민속학의 할아버지이기도 합니다. 이처럼 근대문학과 반근대문학은 같은 곳에 존재합니다.

 그런데 소세키는 그 어느 쪽과도 다릅니다. 그는 『춘분 지나고까지』의 서문에서 자신은 자연주의자도 네오낭만주의자도 아니라고 말합니다. 이는 그가 그 어느 쪽으로도 비쳤던 탓입니다. 그런데 그 자신은 어느 쪽도 아니라고

---

[63] 泉鏡花(1873-1939) 메이기 후기에서 쇼와 초기까지 활동한 일본의 소설가. 일본 환상소설의 아버지로 불린다.

● **소세키의 작품세계**

말할 수밖에 없었습니다. 실제로 소세키는 그런 사람들과 근본적으로 달랐습니다.

이미 말한 것처럼 소세키는 매우 많은 장르의 글을 써왔습니다. 근대소설에서 배제된 장르의 작품을 썼습니다. 하지만 지금은 모두 회복되어 있습니다. 오늘날의 소설을 보면 SF에서 이노우에 히사시[64]에 이르기까지 그동안 순문학이 아니라는 이유로 배제된 장르가 공공연히 인정을 받고 있습니다. 그렇다면 소세키는 그런 다양한 장르를 이미 회복하고 있었던 사람이라는 관점이 가능할 것입니다. 하지만 오늘날의 작가들이 그렇게 하고 있는 것과는 다른 이유에서입니다.

소세키가 향한 곳은 물자체, 즉 절대로 표상되지 않는, 언어의 레벨에는 들어오지 못하는 것입니다. 이는 『갱부』나 『행인』과 같은 작품보다도 오히려 『우미인초』와 같은 작품을 보면 알 수 있습니다.

소세키는 대학을 그만 두고 직업작가가 되려고 했을 때 첫 작품으로 『우미인초』을 썼는데, 매우 인공적이고 뻣뻣한 문장이었을 뿐만 아니라 판에 박힌 내용이었습니다. 말하자면 권선징악 소설이지요. 앞서 말한 것처럼 이 작품은 대중적으로는 인기가 있었습니다만 문학자들 사이에서는 평판이

---

64 井上ひさし(1934-2010) 일본의 극작가이자 소설가. 대표작으로 『기리키리진吉里吉里人』, 『아버지와 살면』 등이 있다.

좋지 않았습니다. 마사무네 하쿠초가 '현대화한 바킨'이라고 평한 것도 무리는 아닙니다. 바킨은 권선징악이라는 이유로 쓰보우치 쇼요의 『소설신수小説神髓』이래로 부정되었습니다. 하지만 그런 사정을 잘 알고 있었을 소세키가 그런 작품을 썼습니다. 이를 어떻게 생각하면 좋을까요.

소세키는 편지에서 『우미인초』에 관해 이런 이야기를 하고 있습니다. "마지막에 철학을 덧붙일 걸세. 이 철학은 하나의 이론 theory 이지. 나는 이 이론을 설명하기 위해 전편全篇을 쓰고 있는 거네."[65] 여기서의 이론이 어떤 것인가 하면, 『우미인초』에는 다음과 같이 쓰여 있습니다. "도의道義의 관념이 극도로 쇠퇴하고 삶生을 원하는 만인의 사회를 만족스럽게 유지하기 어려울 때 갑자기 비극이 일어난다. 여기서 만인의 눈은 모두 자신의 출발점으로 향한다. 비로소 삶 옆에 죽음이 머물고 있음을 알게 된다."[66]

이것을 "자연의 법칙이다"라고 부르고 있는 것입니다. 또 '비극의 철학'으로도 부릅니다. 하지만 소세키는 바킨의 시대를 살았던 것이 아닙니다. 그야말로 '20세기'를 살았습

---

65 夏目漱石,「小宮豊隆宛書簡」(明治四十年),『漱石全集』(第二十八卷), 岩波書店, 1957, 209頁.
66 夏目漱石,『虞美人草』,『漱石全集』(第五卷), 岩波書店, 1956, 316頁 (나쓰메 소세키,『우미인초』, 송태욱 옮김, 현암사, 2014, 434쪽).

● **소세키의 작품세계**

니다. 실제 바킨의 시대에서조차 그것은 '이념'이었지 현실에서 그런 '자연의 법칙'이 작동하고 있었던 것은 아닙니다. 그렇다면 소세키는 그 시대에 왜 그와 같은 '철학'을 쓰고 권선징악의 구성을 취한 것일까요.

이것은 처음에 말한 『햄릿』을 생각하면 잘 알 수 있습니다. 『햄릿』은 본래 자기 아버지를 죽이고 어머니와 결혼한 숙부에게 복수를 하는 내용입니다. 그리고 복수를 통해 '자연의 법칙'이 작동하여 '자연=사회'의 질서(코스모스)가 회복됩니다. 『햄릿』도 크게 보면 그렇게 되어 있습니다. 하지만 햄릿은 쉽게 복수를 하지 못합니다. 뭐랄까 불가해한 '존재론적' 문제에 사로잡혀 있습니다. 엘리어트가 '객관적 상관물'이 결여되어 있다고 비판한 이유가 바로 여기에 있습니다. 『햄릿』은 비극이지만 '비극의 철학'으로부터 어긋나 있습니다. 그런데 이런 어긋남을 통해 비로소 셰익스피어적 비극이 성립하고 있습니다.

하지만 역으로 생각하면 이와 같은 권선징악이나 복수라는 중세 이래의 시스템이 없다면, 이런 어긋남 자체가 보이지 않을 것입니다. 예를 들어 만약 햄릿과 같은 인물을 현대소설에서 그린다고 한다면, 실제 그런 작품이 많이 있습니다만, 내적 세계만으로 이루어질 것입니다. 소세키가 쓴 『우미인초』의 구조는 권선징악적입니다. 소세키 자신이 편지에서

"마지막에 후지오라는 나쁜 여자를 죽인다, 그것을 위해 이 소설을 쓰고 있다"고 쓰고 있습니다. 그런데 이 작품에는 햄릿적인 인물이 두 명 나옵니다. 무네치카와 고노입니다. 그들을 좀 더 내면에서 묘사하면 아마 『우미인초』라는 작품의 구성은 붕괴되고 말 것입니다.

『우미인초』에는 맨 앞에서 서술한 '구성적 파탄'이 없습니다. 그것은 소세키가 후지오를 갑자기 죽임으로써 억지로 권선징악을 실현하려고 했기 때문입니다. 나중에 말하겠지만 그 후 소세키는 『우미인초』와 같은 구성을 취하면서 그런 구성이 붕괴되어 가는 소설을 씁니다. 그런데 이와 같은 권선징악적인 '구성'이나 '자연의 법칙'은 소세키에게 불가결한 전제입니다. 그것이 없으면 붕괴도 파탄도 없기 때문입니다. 이미 말한 대로 소세키는 봉건시대를 산 것이 아닙니다. 그와 같은 세계상은 현실에는 절대 존재하지 않습니다. 즉 '이념'입니다. 그런데 소세키는 왜 그것을 필요로 했던 것일까요. 동시대 작가들에게 바보취급을 당하면서 왜 그런 틀을 필요로 했던 것일까요.

여기서 칸트가 말하는 '물자체'를 재고할 필요가 있습니다. 칸트는 인간은 물자체를 인식할 수 없다고 말했는데, 그 예가 신神이나 불사不死입니다. 신이나 사후세계가 있을지 모른다. 하지만 '인식'이라는 것은 경험 즉 감성을 통과하

● 소세키의 작품세계

지 않으면 안 된다. 그런 의미에서 신이나 사후세계는 인정할 수 없다. 그것을 억지로 이론적으로 증명하려는 것이 바로 형이상학이다. 칸트는 그런 증명을 비판했습니다. 하지만 인간의 이성이 신이나 불사를 어떻게든 필요로 한다는 점은 수긍했습니다. 필요로 하지만 인정은 할 수 없다. 칸트에 따르면 신이나 불사는 '이념'입니다. 그는 '이념'은 가상에 지나지 않지만 어떤 규제적 기능을 한다고 말합니다. 그런데 그것을 이론적으로 증명할 수는 없다고 말합니다.

소세키는 『우미인초』를 쓴 후 『갱부』를 썼습니다. 즉 분열증적인 인간, 말하자면 복수극 없는 햄릿을 주인공으로 삼았습니다. 그렇지만 『갱부』는 『우미인초』의 구조를 가지고 있습니다. 그런데 『우미인초』 이후 『갱부』를 썼다는 점은 소세키가 『우미인초』을 쓴 시점에 이미 『갱부』와 같은 가능성을 가지고 있었다는 것을 의미합니다. 바꿔 말해 『우미인초』에 있는 '이념'은 정확히 반대인 『갱부』의 '병'과 대응하고 있습니다. 소세키는 그의 시대가 어떠하든 그와 같은 '이념'을 말하자면 '병적'으로 필요로 했던 것입니다. 이것이 소세키가 결코 표상할 수 없는 세계, 즉 물자체와 끊임없이 관계하고 있었다는 증거입니다.

왜냐하면 '이념'이란 표상할 수 없는 세계를 상상으로 표상하는 것이기 때문입니다. 그것은 분명 가상입니다. 보통의 근대인이나 소세키와 동시대의 작가는 이념을 부정했습니다. 자연주의적 세계관으로 충분했습니다. 하지만 소세키가 그와 같은 '이념'을 필요로 한 것은 그가 낡은 '도의道義'관을 가지고 있었기 때문이 아니라 말하자면 근대적 형식 안에 들어가지 않는 '물자체'를 들여다보지 않을 수 없었기 때문입니다. 『갱부』와 같은 형태만이 병적인 것이 아니라 『우미인초』와 같은 이념적 세계도 말하자면 병적입니다.

● **소세키의 작품세계**

6 『춘분 지나고까지』와 『나는 고양이로소이다』

 소세키는 『우미인초』에서 이후 작품의 구조를 모두 사용하고 있습니다. 여기에는 『춘분 지나고까지』와 같은 구조가 등장합니다. 예를 들어 어머니와의 관계, 이성과의 관계, 친구와의 관계에서 말입니다. 그런데 『춘분 지나고까지』에는 『우미인초』와 같은 이념적 '구성'은 없습니다. 처음에 말한 것처럼 소세키의 장편소설 가운데 『춘분 지나고까지』는 『나는 고양이로소이다』와 더불어 '구성'이 결여되어 있습니다. 아니 그보다는 애써 거부하고 있는 예외적인 작품입니다. 내가 과거의 「소세키 시론」에서 『춘분 지나고까지』를 논하지 않은 이유도 거기에 있었습니다. 왜냐하면 '구성적 파탄'이라는 것은 '구성'이 있을 때에만 생겨나는데 『춘분 지나고까지』에는 애당초 그와 같은 의미의 구성이 없기 때문입니다. 예를 들어 『햄릿』과 같은 비극적인 구성을 가지고 있지만 도중에 어긋나는 것이 아닙니다.

 하지만 구성이 전혀 없지는 않습니다. 어떤 의미에서 매우 구성적입니다. 이 작품은 매 장마다 레벨이 하강해 가는 것처럼 되어 있습니다. 대신에 전체로서 소설의 구성은 부정되고 있습니다. 오히려 이 작품은 소세키로 말하자면 『나는 고양이로소이다』와 닮아 있습니다. 즉 이 소설은 연작처럼 길어지고 있었기 때문에 소세키는 구성을 생각하지 않았습니다. 『춘분 지나고까지』는 그와는 다르지만 역시 구성을 거부하고 있습니다. 제목도 그렇습니다. 대체로 소세키는 제목을 되는 대로 지었지만, 그래도 나름대로 근거가 있습니다. 『그 후』라는 제목도 되는 대로 지었지만, 『산시로』 다음 작품으로서 '산시로 이후'라는 의미도 있습니다.

하지만 『춘분 지나고까지』라는 제목이 가진 임의성이 소세키가 이 작품을 되는 대로 생각하고 있었다는 뜻은 아닙니다. 소세키가 『문』을 쓴 후 이 작품을 쓰기까지는 대충 1년 반의 공백 blank 이 있습니다. 이 사이에는 여러 가지 사건이 있었습니다. 하나는 '슈젠지修善寺의 대환大患'이라고 불리는 것으로 당시 소세키는 병으로 죽어가고 있었습니다. 다른 하나는 그가 아사히신문사에 입사하도록 만든 이케베 산잔池辺三山이 사직을 하는 바람에 그 역시 사표를 낸 사건입니다.

그 후 딸이 죽습니다. 『춘분 지나고까지』의 전반부에 갑자기 지요코의 이야기인 '비 내리는 날'이 들어갑니다. 이것은 본 줄거리와 거의 관계가 없다고 해도 좋은데, 일반적으로 그것은 자신의 딸이 죽었을 때의 일을 쓴 것이라고 이야기됩니다. 요컨대 소세키는 스스로는 물론 가족이나

● **소세키의 작품세계**

근무하던 신문사에서도 작가가 된 이래로 중대한 위기를 겪고 있었습니다. 그래서 소세키는 『춘분 지나고까지』의 서문에 매우 결연하고 도전적인 내용을 쓰고 있습니다.

> 사실 나는 자연파 작가도 상징파 작가도 아니다. 요즘 자주 들리는 네오낭만파 작가는 더더욱 아니다. 나는 이들 주의를 드높이 표방하며 남의 관심을 끌 만큼 내 작품이 고정된 색을 지니고 있다고 자신할 수 없다. 또 그런 자신은 불필요한 것이다. 나는 그저 나라는 신념을 갖고 있을 따름이다. 그리고 내가 나인 이상 자연파가 아니건 상징파가 아니건 네오낭만파가 아니건 전혀 개의치 않을 생각이다. (중략)
> 도쿄와 오사카를 합산하면 우리 아사히신문의 구독자는 실로 수십만 명에 이른다. 그중에 내 작품을 읽어주는 사람이 몇 명이나 되는지는 모르지만, 그들 대부분은 아마 문단 뒷골목도 들여다본 경험이 없을 것이다. 그저 평범한 인간으로서 대자연의 공기를 진솔하게 호흡하며 평온하게 살아갈 뿐이리라. 나는 교육을 받은 평범한 교양인들 앞에 작품을 내놓을 수 있는 자신을 행복한 사람이라 믿고 있다.[67]

---

67 夏目漱石, 『彼岸過迄』, 『漱石全集』(第十卷), 岩波書店, 1956, 6-7頁 (나쓰메 소세키, 『춘분 지나고까지』, 송태욱 옮김, 현암사, 2015, 17-18쪽).

소세키는 이제 문단 안에서 분류가 되고 있었습니다. 그의 제자들도 문단의 일파를 이루고 있었습니다. 그에 대해 소세키는 "나는 나다"고 말한 것입니다. 『나는 고양이로소이다』를 썼을 때는 아마 이런 기분이었다고 생각합니다. 앞서 말한 것처럼 주위에는 근대소설이 이미 나와 있었습니다. 그런 가운데서 『나는 고양이로소이다』를 쓴 것은 역시나 기묘했습니다. 그야말로 '괴짜'입니다. 하지만 "나는 나다"라며 '자기본위'로 쓰고 있었습니다. 그런데 이후 문단작가로서 작업을 하자 어느 순간 여러 가지 평가가 이루어지고 위치가 부여됩니다. 그 자신도 문단을 형성하게 된 것입니다. 그러므로 이 서문은 그 모두를 부정하거나 제로로 돌아가는 것을 의미한다고 생각합니다.

 소세키는 죽음의 문턱에까지 갔었는데, 그런 의미에서 『춘분 지나고까지』는 재출발이라기보다 재생입니다. 즉 『나는 고양이로소이다』의 지점으로 돌아간 것이라고 해도 좋습니다. 예를 들어 『나는 고양이로소이다』에는 줄거리가 없습니다. 단편이 연속되는 형태로 창작된 것입니다. 방향은 서서히 어긋나고 내용도 깊어지는데 그 단편들이 어떻게 이어지는가 하면 이곳저곳을 배회하고 있는 고양이를 통해서입니다.

● **소세키의 작품세계**

    소세키는 『춘분 지나고까지』에 대해 "개개의 단편이 쌓인 끝에 그 개개의 단편이 하나의 장편을 구성하는 구조다"[68]라고 쓰고 있습니다. 그런데 이는 새로운 취향이라기보다 이미 『나는 고양이로소이다』에서 시도한 것입니다. 차이는 『나는 고양이로소이다』 때와는 다르게 의식적으로 했다는 점에 있습니다. 이 작품에서 처음에 등장하는 게이타로라는 인물이 말하자면 고양이입니다. 적어도 고양이 역할을 하고 있습니다. 그는 스나가나 지요코가 형성하는 세계의 주변을 빙빙 돌고 있을 뿐입니다. 거기에 들어가지 않으며 들어갈 수도 없습니다.

    '결말'은 이렇게 쓰여 있습니다. "그의 역할은 끊임없이 수화기를 귀에 대고 '세상'을 듣는 일종의 탐방에 지나지 않았다."[69] 그런데 딸이 죽은 것도 그렇습니다만 모두 게이타로가 들은 '이야기'로 되어 있습니다. 예를 들어 '스나가의 이야기'나 '마쓰모토의 이야기', 이것들은 이리저리 돌아가면서 귀를 기울이는 게이타로를 통해서만 존재합니다.

---

68 夏目漱石, 『彼岸過迄』, 7頁(나쓰메 소세키, 『춘분 지나고까지』, 18쪽).
69 夏目漱石, 『彼岸過迄』, 275頁(나쓰메 소세키, 『춘분 지나고까지』, 344쪽).

7 『춘분 지나고까지』의 구성

『춘분 지나고까지』는 인간관계의 골격이라는 측면에서 『우미인초』와 똑같습니다. 그런데 형식은 기본적으로 다릅니다. 즉 게이타로가 들은 '이야기'는 시간이 지남에 따라 레벨이 달라집니다. 점점 하강해 가는데 거의 정신분석적입니다.

제1의 레벨에서 게이타로는 주인공으로 등장하는데, 탐정을 동경하고 있습니다. 소세키는 종종 탐정이라는 것을 무엇보다 먼저 타기唾棄해야 하는 것으로 쓰고 있는데, 사실 그것을 처음 말한 것은 『나는 고양이로소이다』에서입니다. 하지만 고양이 자체가 탐정과 같은 일을 하고 있습니다. 이것은 모순이 아닐까요. 『춘분 지나고까지』에서 탐정은 두 종류로 구분되고 있습니다. 하나는 "그 목적이 이미 죄악의 폭로에 있기 때문에 사전에 남을 함정에 빠뜨리려는 속셈 위에 성립한 직업이다"라고 말하는 타입의 탐정입니다. 게이타로는 이런 유형을 싫어합니다. 그가 생각하는 탐정이란 "자신은 그저 인간의 연구자, 아니 인간의 이상한 계략이 어두운 밤에서 이루어지는 모습을 경탄하는 마음으로 바라보고 싶다"[70]는 식의 탐정입니다.

● **소세키의 작품세계**

  그런 탐정은 범인을 붙잡는 것에는 아무런 관심도 없습니다. 그의 관심은 오로지 범죄라는 사실과 범죄의 형식뿐입니다. 즉 오히려 범죄자 이상으로 선악에 관심이 없습니다. 이런 종류의 탐정은 에드가 앨런 포에게서 처음 등장했는데 현실에는 존재하지 않습니다. 실재하는 것은 소세키가 말하는 경시청의 탐정과 큰 차이가 없습니다. '그 목적'은 '죄악의 폭로'에 있고 실증적입니다. 소설로 말하면 자연주의입니다. 소세키가 경멸하며 탐정이라고 부른 것은 문학으로 말하면 자연주의에 대응합니다.

  포가 만들어낸 탐정은 뒤팽인데, 그는 끊임없이 경찰의 실증주의와 대립합니다. 이는 꼭 낭만적인 것은 아닙니다. 실증적 지성에 대립하는 본래적인 지성을 의미하기도 합니다. 일본에서 뒤팽과 같은 탐정이 처음 등장한 것은 소세키로부터 10년 후인 다이쇼大正 14년에 씌어진 에도가와 란포의 「D자카 살인사건」에서입니다. 이 작품에는 그 유명한 아케치 고고로明智小五郞가 등장합니다. 이와 같은 무리의 특징은 바로 유민遊民이라는 데에 있습니다. 소세키 자신이 '고등유민'이라는 말을 사용하고 있습니다. 그런데 이 '유민'

---

70 夏目漱石, 『彼岸過迄』, 37-38頁(나쓰메 소세키, 『춘분 지나고까지』, 55쪽).

이라는 현상은 벤야민 등이 강조한 문제로, 역사적으로 출현한 것입니다. 유민과 탐정은 결부되어 있습니다.

뒤팽 이후 코난 도일이 셜록 홈즈라는 탐정을 만들어냈습니다. 코난 도일의 추리소설에는 한 가지 특징이 있는데, 바로 범죄의 동기입니다. 대부분 해외식민지에서 벌어진 범죄를 숨기고 본국에서는 젠틀맨으로 행동하는 인간과 관계가 있습니다. 즉 홈즈의 추리는 단순히 범죄의 형식이 아니라, 말하자면 영국 자본주의의 번영이 어떤 범죄 위에서 성립하고 있는지를 폭로합니다.

마르크스는 『자본론』에서 '자본의 원시적 축적'을 자본주의의 원죄라고 말했습니다. 그는 영국 대영박물관에 틀어박혀 『자본론』을 썼습니다. 여담이지만 셜록 홈즈도 젊은 시절 대영박물관에서 독물학毒物學을 연구했는데, 그에 근거하여 마르크스와 홈즈가 박물관에서 만나 논의를 했다는 소설조차 있습니다. 한편 홈즈와 프로이트가 만나는 소설도 있으며 영화화되기도 했습니다. 프로이트가 명확히 한 것은 모든 인간이 한번은 저지른 적이 있는 범죄입니다. 즉 부친살해 또는 오이디푸스 콤플렉스라는 문제입니다. 그런 의미에서 탐정소설과 정신분석, 마르크스의 『자본론』은 어떤 평행성을 가지고 있다는 점을 알 수 있습니다. 게다가 거의 동시대입니다.

● **소세키의 작품세계**

　물론 『춘분 지나고까지』의 게이타로는 홈즈와 같은 탐정이 아닙니다. 전혀 분석적이지 않으며 그저 낭만적 몽상을 하고 있을 뿐이지만, 중요인물 주위를 돌아다닐 뿐 아니라, 말하자면 그들의 고백을 이끌어 내고 있습니다. 스나가의 이야기, 마쓰모토의 이야기는 모두 게이타로에게 이야기된 것입니다. 정신분석이란 이야기하도록 만드는 치료입니다. 어떤 의미에서 게이타로란 듣는 역할을 하는 인물로, 스나가가 앓는 병의 원인이 주인공들의 고백을 통해 소행적으로 서서히 밝혀지는 형태를 취합니다.

　제 2 의 레벨은 '스나가의 이야기'입니다. 여기서는 이제 20 세기의 문명이니 도시니 하는 문제는 나오지 않습니다. 스나가와 지요코의 꼼짝달싹 못 하는 관계만이 쓰여 있습니다. 그들은 어린 시절 양쪽 부모의 합의로 혼약을 맺었지만 그런 사실을 모른 채 자랐습니다. 스나가는 지요코를 사랑하는지 사랑하지 않는지 확실히 모릅니다. 하지만 제 3 자가 나타나자 질투를 합니다. 지요코가 "당신은 비겁하다"고 말합니다. 질투가 특별히 사랑의 증거일 수 없기 때문입니다. 타인에 빼앗긴다고 생각하는 순간 나오는 감정이기에 사랑의 증거가 될 수 없습니다.

　마쓰모토에 따르면 이 두 사람은 떠나기 위해 만나고 만나기 위해 떠나는 관계입니다. 부부가 되면 불행을 목적으로 부부가 된 것과 같은 결과에 빠지게 되고, 또 부부가 되지 않으면 그 자체로 불행해지는 그런 관계입니다. 지요코는 어떤 의미에서 『우미인초』의 후지오 같은 인물의 계보라 하겠습니다. 그러나 이 제 2 의 레벨에서 두 사람의 관계는 현대의 남녀관계라고 할까, 어떤 의미에서 세련된 sophisticate 남녀관계로 묘사되고 있다고 생각합니다.

제 3 의 레벨은 '마쓰모토의 이야기'입니다. 마쓰모토는 스나가의 숙부에 해당되는 인물로, 스나가의 문제는 지요코와의 관계가 아니라 어머니와의 관계에 있다는 점을 명확히 합니다. 스나가의 어머니는 양어머니로, 스나가는 실은 몸종이 낳은 자식이라는 사실이 밝혀집니다.

스나가의 어머니는 그것을 숨겼습니다. 정말이지 진짜 자식처럼 자연스러운 관계를 형성하고 있었지만 실은 거기에 부자연스러움이 있었던 것입니다. 자연이 아닌데 자연인 것처럼 하는 것이 부자연스러운 것이지요. 그녀가 스나가와 지요코의 결혼을 간절히 바란 것은 스나가를 자기 여동생의 딸인 지요코와 결혼시킴으로써 피의 연결을 회복시키고 싶었기 때문입니다. 암묵적으로 '자연'스러운 피의 연결을 원하고 있었던 것입니다. 하지만 그녀는 그것조차 깨닫고 있지 못합니다. 이런 양어머니에게 존재하는 '무의식의 위

● **소세키의 작품세계**

선'(『산시로』의 미네코에 대해 소세키는 이렇게 말하고 있습니다)이 스나가의 병을 만들었다고 말할 수 있습니다.

다음으로 제4의 레벨이 있습니다. 이것은 '스나가의 편지'라고 불러도 좋습니다. 스나가가 여행지에서 마지막으로 보낸 편지입니다. 스나가는 이제 전부 다 알고 있습니다. 그때까지 그는 어머니나 지요코의 관계로 고민하면서도 원인을 몰랐습니다만 이제 모든 것을 알게 됩니다. 하지만 그럼에도 불구하고 그가 가지고 있던 근원적 이화감異和感은 사라지지 않습니다. 편지에는 여행을 떠나니 해방감을 느낀다는 식의 이야기가 쓰여 있기는 합니다. 하지만 치유되었거나 치유될 것으로 생각되지는 않습니다.

그리고 소설의 마지막은 탐정 게이타로가 재등장합니다. 게이타로가 다시 나타났으니 이제 어떻게 될까요. 이제까지의 주제는 현대문명의 상황과 현대적 남녀관계, 친자관계, 그리고 자기 자신과의 관계라는 식으로 어긋나면서 하강해 갔는데 아무 것도 해결되고 있지 않습니다. 어디에도 출구가 없습니다. 하지만 게이타로가 다시 한 번 등장할 때, 이런 심각한 광경은 말하자면 먼 시점으로 제시됩니다. 여기서 어떤 여유가 생깁니다. 처음과 마지막 부분은 '사생문'으로 되어 있기 때문입니다.

8 무의식의 위선

『춘분 지나고까지』에는 지금 말 한 것과 같은 네 가지 레벨, 단계가 있습니다. 여기서 『우미인초』를 되돌아보면 이 네 가지 레벨이 전부 나오고 있음을 알 수 있습니다. 예를 들어 문명 이야기에서 도시 이야기, 양모 문제까지 한꺼번에 나오고 있습니다. 그런데 『춘분 지나고까지』에서는 이것들이 서로 다른 레벨로 분리되어 있습니다. 이것은 소세키 자신이 이 작품에서 어떤 자각을 한 결과라고 생각합니다. 즉 함께 다루어서는 안 된다고 자각한 것입니다. 그리고 확실히 『춘분 지나고까지』 이후의 작품에서는 이런 복잡한 글쓰기 방식이 사라집니다.

소세키가 『춘분 지나고까지』에서 철저히 해명하려고 한 것은 말하자면 '무의식의 위선'이라는 문제입니다. 물론 그는 그것을 『우미인초』에서도 쓰고 있는데, 이는 여성만이 아니라 남성에도 해당됩니다. 아니 소세키의 주요인물은 모두 '무의식의 위선'으로 움직이고 있습니다. 언뜻 보면 그렇게 보이지 않는 『그 후』의 미치요나 『마음』의 아가씨도 그렇습니다.

● **소세키의 작품세계**

『우미인초』의 주인공 고노 씨에게는 양모가 있습니다. 그녀의 딸, 즉 이복동생이 후지오입니다. 고노 씨도 『춘분 지나고까지』의 스나가처럼 이유를 알 수 없는 고민이 있습니다. 그는 이렇게 말합니다.

> "어머니가 나에게 집에서 나가지 말라는 것은 나가 달라는 의미네. 재산을 가지라는 것은 넘기라는 의미지. 보살핌을 받고 싶다는 것은 그것이 싫다는 뜻이네. 그래서 나는 표면적으로 어머니의 뜻을 거역하지만 내실은 어머니의 바람대로 해주고 있는 걸세. 한번 보게나. 내가 집을 나간 뒤에 어머니는 내가 나빠서 나간 것처럼 말할 테니. 사람들도 그렇게 믿을 테고. 나는 굳이 그만큼의 희생을 해서라도 어머니나 여동생을 위해 적절한 조치를 해주는 거라네."[71]

물론 고노 씨는 어머니나 여동생에게 존재하는 무의식의 위선을 간파하고 있습니다. 하지만 그는 어머니가 양모라는 사실을 알고 있습니다. 그것은 무의식의 위선이라기보다 오히려 단순한 위선에 가깝습니다. 그런데 『춘분 지나고까지』의 스나가는 양모를 친모로 생각하고 자랐습니다. 이

---

71 夏目漱石, 『虞美人草』, 『漱石全集』(第五卷), 1956, 275頁(나쓰메 소세키, 『우미인초』, 송태욱 옮김, 현암사, 2014, 381-382쪽).

어머니는 항상 자연스러운 어머니, 실은 어머니보다도 훨씬 자연스러운 어머니가 되려고 했습니다. 아이였던 스나가는 그런 사실을 알지 못했으며 결코 의식할 수 없었습니다. 보다 자연스럽게 되려고 하는 부자연스러움, 소세키가 말하는 '무의식의 위선'이란 오히려 그런 것입니다.

소세키는 이후 자전적 소설 『한눈팔기』에서 다음과 같은 이야기를 쓰고 있습니다. 겐조는 시마다 부부에 의해 양자로 받아들여졌습니다. 하지만 본인은 양자라는 사실을 모릅니다. 한참 후에 그것을 알게 되는데 겐조는 시마다 부부를 이렇게 회상합니다.

> 부부는 전력을 다해 겐조를 자신들의 전유물로 만들고자 애썼다. 사실상 겐조는 그들의 전유물이나 다름없었다. 따라서 그들에게 소중한 존재가 되는 것은 곧 그들 때문에 그의 자유를 빼앗기는 것이나 마찬가지였다. 그는 이미 몸의 속박을 느꼈다. 하지만 그보다 더욱 무서운 마음의 속박이 아무것도 모르는 그의 가슴에 어렴풋한 불만의 그림자를 드리웠다.
>
> 부부는 무슨 일이 있을 때마다 자신들의 은혜를 겐조에게 인식시키려고 했다. 그래서 어떤 때는 '아버지가'라는 말을 크게 했다. 어떤 때는 또 '어머니가'라는 말에 힘을 주었다. 겐조가 아버지나 어머니

● 소세키의 작품세계

라는 말을 하지 않고 과자를 먹거나 옷을 입는 일은 자연스럽게 금지되었다.
　자신들의 친절을 억지로라도 아이의 가슴에 각인시켜려는 그들의 노력은 아이에게 오히려 반대의 결과를 초래했다. 겐조는 귀찮았다.
　'왜 그렇게 보살피는 것일까?'
　'아버지가'라든가 '어머니가'라는 말이 나올 때마다 겐조는 자기 혼자만의 자유를 갖고 싶었다. 장난감을 받고 기뻐하거나 니시키에錦絵[72]를 질리지도 않고 바라보면서도 그는 오히려 그것들을 사준 사람을 기쁘게 해주고 싶지 않았다. 적어도 그 둘을 깨끗이 분리해서 순수한 즐거움에 빠지고 싶었다.[73]

나는 이 양부모가 무지할지는 모르지만 특별히 나쁜 사람들이라고 생각하지 않습니다. 결국 그들은 겐조의 부모라는 확신을 가지고 있지 않았기에 기회가 있을 때마다 자신들이 부모라는 사실을 아이가 믿도록 하지 않을 수 없었습니다. 하지만 그때마다 아이는 이해는 할 수 없지만 어떤 메시지를

72　에도시대에 확립된 우키요에浮世絵 판화.
73　夏目漱石, 『道草』, 『漱石全集』(第十三卷), 岩波書店, 1957, 92頁(나쓰메 소세키, 『한눈팔기』, 송태욱 옮김, 현암사, 2016, 121-122쪽).

받게 됩니다. "엄마가 ~ "라는 것을 강조하면 할수록 그렇지 않다는 메시지를 주는 것입니다.

소세키는 『유리문 안에서』에서 아홉 살 무렵 본가로 돌아온 후 친부모를 조부모로 믿고 있었다고 쓴 것을 보면 양부모를 진짜 부모라고 생각하고 있었습니다. 하지만 그는 동시에 그렇지 않다는 사실을 무의식중에 깨닫고 있었을 것입니다. 중요한 점은 그것이 양부모의 언어나 행동의 이중성에서 오고 있다는 사실입니다.

커뮤니케이션은 여러 레벨에서 이루어집니다. 누군가 "바보네"라고 말했을 때 웃으면서 말하고 있는지 차가운 얼굴로 하고 있는지에 따라 의미가 달라집니다. 이처럼 어떤 말의 의미는 언어만으로는 확정할 수 없습니다. 지금의 예에서는 언어와 표정입니다만 언어 레벨만으로도 그럴 수 있습니다. 예를 들어 "내 명령을 따르지 마"라는 명령을 받았을 때 어떻게 하면 좋을까요. 그 명령을 따르면 그것을 거부하는 것이 되기에 어떻게 할 수가 없습니다. 그레고리 베이트슨은 이것을 '이중구속 double bind'이라고 부릅니다.

예를 들어 어머니가 실제로는 아이를 사랑하고 있지 않지만 사랑하고 있는 것처럼 행동할 때, 어머니의 언어는 두 가지 레벨에서 발화됩니다. 문자 그대로는 '사랑하고 있는' 것처럼 상냥한 말이 나오지만 차가운 표정으로 발화됩니다.

● 소세키의 작품세계

아이는 의식적으로는 그것을 깨닫지 못하지만 암묵적으로는 그것을 깨닫게 됩니다. 하지만 어떤 것이 진짜인지 결정하지 못합니다. 그와 같은 부모의 태도가 반복되면 아이는 계속해서 '이중구속'에 놓이게 됩니다.

베이트슨은 정신분열증이 되기 쉬운 환경으로 그런 부모의 양의적 태도를 지적하고 있습니다. 그 결과 아이는 메타-커뮤니케이티브 meta-communicative 능력, 즉 문자대로의 언명과 그것이 따로 의미하는 것을 구별할 능력을 상실합니다. 분열병자의 경우 상대가 무언가를 말할 때 그것이 진정으로 무엇을 의미하는지 모른 채 '숨겨진 의미'에 과도하게 집착하여 속지 않기 위해 애를 씁니다. 병의 마지막 단계는 전혀 반응하지 않는 것입니다.

앞서 인용한 『우미인초』의 고노 씨는 양모가 이 집을 나가지 마라, 내 재산을 전부 가져라고 말할 때 전혀 다른 의미가 된다고 말합니다. 아마 이 모친은 고노 씨를 유년기부터 끊임없이 '이중구속'에 두었을 것입니다. 베이트슨은 분열병에 걸리는 인간은 부모와의 관계에서 이런 이중구속 상태를 강요당한 사람들이 많다고 말합니다. 물론 그렇게 한다고 꼭 분열병이 된다고 말할 수는 없으며 소세키가 분열병자라는 말도 아닙니다. 다만 소세키에게는 그만의 고유한 병이 있었는데, 이것이 이중구속과 관계가 있다는 것입니다.

예를 들어 만년에 쓴 『유리창 안에서』에서 소세키는 이런 '고민'을 말하고 있습니다.

> 만약 세상에 전지전능한 신이 있다면, 나는 그 신 앞에 무릎을 꿇고 내게 의심이 조금도 개입할 여지가 없는 확실한 직관을 주어 나로 하여금 이 고민에서 벗어나게 해달라고 기도할 것이다. 그게 아니라면 이 불명不明한 내 앞에 등장하는 모든 사람을 영롱하고 투명하고 정직한 사람으로 변화시켜, 나와 그 사람들의 영혼이 서로 딱 들어맞는 행복을 달라고 기도할 것이다. 지금의 나는 바보가 되어 사람들에게 속거나, 혹은 의심이 많아 사람들을 받아들일 수 없거나, 둘 중 하나일 수밖에 없을 것 같다. 불안하고 불투명하고 불쾌감으로 가득 차 있다. 만약 그것이 평생 계속된다면 인간이란 얼마나 불행한 존재일까.[74]

---

74 夏目漱石,「硝子戸の中」,『漱石全集』(第十七卷), 岩波書店, 1957, 185-186頁(나쓰메 소세키,「유리문 안에서」, 송태욱 옮김,『긴 봄날의 소품』, 현암사, 2016, 294쪽).

● **소세키의 작품세계**

 하지만 소세키는 그것이 무엇 때문인지를 이 작품에서 분석하고 있다고 생각합니다.『춘분 지나고까지』라는 작품은 그런 의미에서 매우 정신분석적인 작품입니다. 앞서 '탐정=정신분석가'라고 말했는데, 그것이 거의 최종적인 단계까지 도달하고 있다고 생각합니다. 소세키는『춘분 지나고까지』를 씀으로써 자신이 무엇 때문에 고민하고 있는지를 분명히 했다고 말할 수 있습니다. 이후 소세키의 작품은 같은 문제를 다루어도 초기와 같은 혼란이 없습니다.

 『우미인초』,『갱부』,『그 후』,『문』등에는 이런 레벨의 문제가 동시에 섞인 채로 등장하고 있는데,『춘분 지나고까지』이후의 작품은 그렇지 않게 됩니다. 따라서『춘분 지나고까지』는 갈림길에 있다고 할 수 있는데, 이는 소세키의 장편소설 가운데에서 이 작품만이 이야기物語적 구성을 가지고 있지 않는 것과 관계가 있습니다. 다시 말하자면 구성이 없는 것이 아닙니다. 그것은 서서히 레벨을 하강시켜 가는 구성입니다. 그리고 가장 하위 레벨에서 노출되는 것은 말하자면 표상할 수 없는 '물자체'라고 불러야 하는 것입니다.

< 첫 발표 지면 >

「풍경의 발견」, 『계간예술季刊芸術』, 1978년 여름호.

「무라카미 하루키의 풍경」, 『해연海燕』, 1989년 10, 11월호.

「소세키의 작품세계」, 1993년 11월 8일 강연.

(해제)

갭과 유니클로

무라카미 VS 가라타니

○ 갭과 유니클로

1

 일본문학가를 구분하는 방법으로는 여러 가지가 있겠지만, 가장 손쉬운 방법은 무라카미 하루키에 대해 어떻게 생각하는지를 묻는 것이다. 하루키가 처음 등장하던 시기[75], 그에게는 우호적인 사람들보다 그렇지 않은 사람들이 압도적으로 많았다. 이런 불균형은 꽤나 오래 지속되었고 당연하게 여겨졌다. 덕분에 대부분 하루키에게 무관심할 수 있었다. 이는 한국도 마찬가지였다.
 한국과 하루키의 만남은 매우 이른 시기에 이루어졌다. 1979년, 하루키의 데뷔작 『바람의 노래를 들어라』가 활자화된 시기, 일본에서 큰 주목을 받는 작가는 뜻밖에도 한국의 소설가 윤흥길이었다. 작품집 『장마』의 일어판이 그해 4월에 나오자 일본의 신문과 잡지는 앞을 다투어 그를 다루었다.

---

[75] 『바람의 노래를 들어라』는 『군조』(5월호)에 실렸는데 발행은 4월에 이루어졌다.

윤흥길에 대한 일본의 평가는 매우 이례적이었다.[76] 그 때문인지 한국문단도 즉각 반응했다. 당시 도서출판 은애에서는 <우리시대의 작가연구총서>를 내고 있었는데, 곧바로 김병익/김현 편집의 윤흥길 편을 출간한다(9월 25일간). 이 책에는 16편의 평론가의 글과 자선작품 외에 일본에서 나온 서평과 평론이 무려 11편이나 수록되어 있다. 이 중 일본 필자가 쓴 다음 두 편이 눈길을 끈다.

먼저 윤흥길과 대담집까지 펴내게 되는 나카가미 겐지의 글이다. 나카가미는 이 글에서 일말의 망설임도 없이 「장마」를 '세계문학'으로 평가한다. 그가 한 잡지에서 이 소설을 읽은 후 『장마』의 일본어판 출간을 지원하고 가라타니 고진에게 권한 것은 기본적으로 이런 평가와 관련이 있었다.[77] 그런데 우리의 논의에서 정작 눈길을 끄는 것은 평론가 아키야마 슌의 글이다. 흥미롭게도 아키야마는 「장마」를 『바람의 노래를 들어라』와 비교하고 있다. 여기서 우리는 '무라카미 하루키'(정확히는 村上春樹로 표기)라는 이름과 마주하게 된다.[78] 그런데 당시 이 낯선 일본작가에게 주목한

---

[76] 이는 『82년생 김지영』이 일본에서 받은 관심과 비교할 만한데, 『장마』의 일본진출이 순전히 민간에서 이루어진 것인데 반해, 『82년생 김지영』의 그것은 정부기관(한국문학번역원)의 지원으로 이루어졌다는 차이가 있다.

[77] 이와 관련해서는 졸저 『가라타니 고진과 한국문학』(2008) 참조.

○ 갭과 유니클로

사람은 없었다. 물론 그것은 당연한 일이었을지 모른다. 사정은 일본이라고 해서 크게 다르지 않았기 때문이다.

하루키는 1979년 고단샤의 문예지인 『군조群像』에서 주관하는 <군조신인문학상>을 통해서 문단에 나왔다. 하지만 수상 후 처음 출판사를 방문했을 때 환대를 받지는 못했던 것 같다. 이왕 이렇게 되었으니 앞으로 잘 하라는 애매한 격려만 받았다.

> 나는 행운이었다. 만약 이 작품으로 상을 받지 못했다면, 나는 소설을 쓰지 않았을지도 모르고, 만약 썼다 하더라도 지금과는 상당히 다른 과정을 거쳤을 것이다.
>
> 그렇지만 물론 그 당시의 문단(이랄까 문예업계)이 이 작품으로 전면적으로 따뜻하게 환영한 것은 아니었다. 몇몇은 『바람의 노래를 들어라』라는 소설의 존재방식을 강하게 지지하고 격려해주었지만, 이런 걸 소설로 인정할 수 없다는 분위기도 상당히 있었던 것으로 기억한다. 전체적인 분위기는 결코 긍정적인 것이 아니었다. 수상 후 처음 고단샤에 가서 편집국의 높은 분에게 인사를 했을 때도, "자네 작품은 상당히 문제가 많지만, 여하튼 열심히 해보게."란 말을

---

78 무라카미 하루키가 한국 쪽 문헌에 등장한 첫 사례로 보인다.

들었다. (…)

내 주변의 많은 사람들은 『바람의 노래를 들어라』가 출판된 후 내게 와 이렇게 말했다. "그게 소설이라면, 나도 그 정도는 쓸 수 있다"고 말이다. 사실 나도 그렇게 생각한다. 이 작품이 소설로 통용된다면, 누구나 그 정도의 것은 쓸 수 있다.

하지만 적어도 그렇게 말한 사람 중 어느 누구도 소설을 쓰지 않았다. 아마 쓸 정도의 필연성이 없었기 때문일 것이다. 필연성이 없으면 - 설사 쓸 수 있는 능력이 있다고 하더라도 - 아무도 소설 따위는 쓰지 않는다. 그런데 나는 썼다. 그것은 역시 내 안에 그럴 만한 필연성이 존재했기 때문일 것이다.[79]

초기 하루키가 문단의 환영을 받지 못한 증거로 종종 아쿠타가와상 수상 불발이 이야기된다. 하지만 그는 아쿠타가와상만이 아니라 노마문예신인상(고단샤 주관)에서도 고배를 맛보았다. 문제는 그저 상을 받지 못한 데 있지 않다. 심지어 작가로서의 자질까지 의심받았다.

하루키는 『바람의 노래를 들어라』로 1979년 상반기에, 『1973년의 핀볼』로 1980년 상반기에 후보가 되었다. 당시

---

79 村上春樹, (自作を語る)「台所のテーブルから生まれた小説」, 『村上春樹全作品1979-1989』①, 講談社, 1990, Ⅲ-Ⅵ頁.

○ 갭과 유니클로

심사위원은 총 10명으로 다음과 같았다. 이노우에 야스시井上靖, 가이고 다케시開高健, 니와 후미오丹羽文雄, 마루야 사이이치丸谷才一, 야스오카 쇼타로安岡章太郎, 다키 고사쿠瀧井孝作, 나카무라 미쓰오中村光夫, 요시유키 준노스케吉行淳之介, 엔도 슈사쿠遠藤周作, 오에 겐자부로大江健三郎. 1980년 상반기 심사위원도 동일했다.

1979년 상반기 심사평에서 먼저 눈에 들어오는 것은 절반 이상의 심사위원이 하루키를 아예 호명조차 하지 않았다는 사실이다. 그리고 이는 1980년 상반기 때도 마찬가지였다.[80] 그렇다면 당시 문단을 대표하는 문학인들은 하루키를 어떻게 생각한 것일까. 먼저 『바람의 노래를 들어라』에 대한 심사평을 살펴보자.[81]

> "무라카미 하루키 씨의 『바람의 노래를 들어라』는 아메리카소설의 영향을 받으면서도 자신의 개성을 보여주려고 한다. 만약 이것이 단순한 모방이라면,

---

80 참고로 1979년 상반기 수상작은 시게카네 요시코重兼芳子의 「산골짝의 연기やまあいの煙」와 아오노 소의 「어리석은 자의 밤愚者の夜」이었다(공동수상) 그리고 1980년 상반기의 경우 수상작 없이 가작만 1편 뽑혔다.
81 「芥川賞選評」, 『文藝春秋』, 1979年 9月号, 377-378, 380-381頁에서 발췌 인용.

문장의 흐름에 이렇게 막임이 없을 수 없을 것이다. 게다가 작품의 스케일이 비교적 크다고 생각된다."
(마루야 사이이치)

"무라카미 하루키 씨의 『바람의 노래를 들어라』는 200여 매 분량의 작품인데, 외국번역소설을 너무 많이 읽고 쓴 것 같은 하이칼라의 서양 냄새가 나는 작품으로 …. 이와 같은 가공의 인공물은 작품의 결정도結晶度가 높지 않으면 안 되는데, 군데군데가 얇아 요시노가미吉野紙[82]의 고르지 못함처럼 투명하게 비치는 부분이 있었다. 그런데 이색적인 작가인 것 같기에 멀리 보고 싶다"(다키 고사쿠)

"무라카미 씨의 작품은 얄미울 정도로 계산을 한 소설이다. 하지만 이런 소설은 반소설의 소설이라고 불러야 할 것이다. 그리고 씨가 소설 속에서 모든 의미를 제거하는 현재 유행하는 수법이 능숙하면 능숙할수록 '정말 그렇게 간단히 의미를 제거해도 되는가' 하는 기분이 들 수밖에 없었다. 이렇게 쓰면 무라카미 씨는 내가 말하고자 하는 바를 알 것이다. 어쨌든 나는 다음 작품을 보지 않고서는 무라카미 씨의 진정한 힘을 모르겠다."(엔도 슈사쿠)

---

82 닥나무로 만든 얇은 종이. 요시노吉野 지방이 주원산지.

○ 갭과 유니클로

"오늘날의 아메리카소설을 교묘히 모방한 작품도 있는데, 자신만의 독자적인 창조로 나아가도록 훈련하지 않는 것은 작자 자신은 물론 독자에게도 무익한 시도처럼 느껴진다."(오에 겐자부로)

마루야 사이이치 정도만 호의적이었고(그는 군조신인문학상 심사위원이기도 했다) 다키 고사쿠와 엔도 슈사쿠는 유보적 입장을, 오에 겐자부로는 비판적인 입장을 드러내고 있다. 그렇다면 두 번째는 어떠했을까. 전체적으로 비슷하지만, 몇 가지 흥미로운 변화가 엿보인다. 먼저 지난번에 아무런 언급도 하지 않았던 세 사람이 입을 열었고(이노우에 야스시, 나카무라 미쓰오, 요시유키 준노스케), 작년에 유보적인 입장을 취한 엔도 슈사쿠는 입을 닫았고, 마루야 사이이치는 유보적인 입장으로 돌아선 반면, 비판적 입장이었던 오에 겐자부로는 호감을 드러냈다.

먼저 '멀리 보고 싶다'며 유보적인 판단을 내린 다키 고사쿠의 경우, 지난번과 마찬가지로 작품 자체에 대해서는 명확한 판단을 내리고 있지 않다. 하지만 비판 쪽으로 기운 것 같아 보인다.[83]

---

83 이하 「芥川賞選評」, 『文藝春秋』, 1980年 9月号, 312-315頁에서

"무라카미 하루키 씨의 『1973년의 핀볼』은 줄거리가 없는 소설로 꿈과 같은 작품이다. 주인공은 영불 번역사무소를 열고 있지만, 생활은 아무것도 쓰여 있지 않다. 주인공은 1970년경에 유행한 핀볼 머신에 몰두하는 남자로, 핀볼 유행도 꿈처럼 사라진다. 마지막 1973년에 폐품수집 컬렉션이 있는 곳을 안 후 핀볼을 보러 가는 장면은 나름 재미있지만, 그것을 보고도 손쓸 엄두도 내지 못하고 그냥 되돌아온다."

그리고 시종 호의적이었던 마루야 사이이치는 이번에는 원하는 대로 발전하고 있지 않다는 점에 대해 불만을 드러낸다.

"무라카미 하루키 씨의 중편소설은 고풍적인 성실주의를 조롱하면서 청춘의 실감인 상실감이나 허무감을 보여주려고 한 것이죠. 상당히 잘 썼기에 감동했지만, 중요한 장치인 핀볼이 잘 감이 오지 않습니다. 쌍둥이 여자들의 처리방식만 해도 다시 한번 생각해주었으면 하는 생각이 들었습니다."

발췌 인용.

○ 갭과 유니클로

하지만 지난번에는 언급조차 하지 않던 이노우에 야스시와 요시유키 준노스케는 절반의 호의를 드러낸다.

"『1973년의 핀볼』은 새로운 문학 분야를 개척하려는 의도가 보이는 유일한 작품으로, 부분적으로는 능숙한 부분도 있고 신선한 점도 느껴지지만, 총체적으로 보면 감성이 공전하고 있는 부분이 많아서 잘 썼다고 말할 수는 없다."(이노우에 야스시)

"무라카미 하루키 씨의 『1973년의 핀볼』은 이 시대를 살아가는 스물네 살 청년의 감성과 지성을 잘 그리고 있다. 주인공은 쌍둥이 여자들과 동거하고 있는데, 쌍둥이의 존재감을 일부러 희박하게 만들어 묘사하고 있는 부분 등 긴 분량을 지루하지 않게 읽었다."(요시유키 준노스케)

하지만 지난번에는 언급하지 않은(하지만 당시 가장 영향력이 있던 평론가) 나카무라 미쓰오는 마치 작정이라고 한 것처럼 독설을 쏟아낸다.

"독자를 가지고 놀고 있다는 느낌은 『1973년의

핀볼』도 마찬가지입니다. 혼자 하이칼라인 체하며 농을 치고 있는 청년을 똑같이 우쭐대는 기분으로 안이하게 붓질을 하고 있는데, 내면이 전혀 전달되지 않습니다. 확실히 현대의 아메리카화한 풍속도 묘사의 충분한 제재일 것입니다. 하지만 그것을 풍속으로만 보는 천박한 눈으로 포착해 보았자 문학이 생겨나지는 않습니다. 재능은 있는 사람 같기에 애석하다고 생각합니다."(나카무라 미쓰오)

이 짧은 언급만으로도 하루키 소설을 읽으면서 어떤 표정을 지었을지 상상이 된다. 독자를 가지고 장난을 치는 태도, 그리고 아메리카적 풍속을 과잉묘사하는 '천박한 눈'으로는 문학은 불가능하며, 작가의 재능은 차치하고 소설가로서의 자질은 없다고 냉정한 평가를 내린다. 강조점은 다르지만 지금까지 반복되고 있는 '하루키 비판'의 핵심이란 어쩌면 여기에 응축되어 있는지도 모른다.

그렇다면 정말 그의 소설은 미국소설과 팝 문화 체험에서 나온 허세로 가득한 잡동사니에 불과한 것일까? 흥미로운 것은 미국문학에 조예가 깊은 이들은 약간 다른 의견을 가지고 있다는 사실이다. 일단 앞서 살펴본 마루야 사이이치의 견해가 그러하고 오에 겐자부로의 다음과 같은 평가가 그러하다.[84]

○ 갭과 유니클로

"역시 시적인 영역에 속하는 감각, 청신한 문장으로 신세대의 스타일을 드러내고 있지만, 산문가로서의 힘이 가진 내구성에는 불안이 있다. 그와 같은 작품으로 무라카미 하루키의 작업이 있다.

거기에는 전작에 이어 커트 보니것의 직접적인, 스콧 피츠제랄드의 간접적인 영향과 모방이 보인다. 하지만 다른 이에게 받아들인 것을 이만큼 자신의 도구로 사용할 수 있다는 것은 분명히 재능이라고 말할 수밖에 없다."(오에 겐자부로)

이처럼 초기 하루키는 결코 순탄하지 않았다. 당시에는 어느 누구도 '지금의 하루키'를 상상하지 못한 셈이다. 하지만 1987년이 되면 사정은 크게 달라진다. 『노르웨이의 숲』의 대성공은 일본의 문학인들로 하여금 어떤 방식으로든 하루키에 대해 나름의 입장을 취하도록 강요했다. 이때부터 일본문학계는 반하루키적인 그룹과 친하루키적 그룹으로

---

84 마루야 사이이치는 소설가이기 이전에 영문학자이자 번역가로, 제임스 조이스의 『율리시즈』, 『에드가 앨런 포 전집』 등 많은 번역서를 남기고 있으며, 오에 겐자부로의 영문학에 대한 심취는 그의 작품 이곳저곳에서 쉽게 발견된다.

나뉘기 시작한다.[85] 그렇지만 이때까지만 해도 반하루키 그룹의 입김이 여전히 살아있었다.

하지만 일본에서의 성공을 넘어 해외의 뜨거운 관심을 받고, 유수한 해외문학상(카프카상, 예루살렘상)을 수상하고, 심지어 유력한 노벨문학상 후보로까지 간주되자 사정은 크게 달라진다. 그동안의 불균형이 정반대의 형태를 띠기 시작한다. 무게추가 하루키 쪽으로 기운 것이다. 그리고 언제부터인가 하루키를 비판하는 이들은 고리타분하고 시대에 뒤떨어진 소수로 평가되기에 이른다.

그런데 하루키에 비판적인 사람이라고 할지라도 그 입장이 모두 같다고 할 수 없는데, 예를 들어 초기에 호되게 비판한 뒤 더 이상 언급하지 않는 사람이 있는가 하면, 묘한 양가감정을 드러내며 꾸준히 언급하는 사람들이 있다.[86] 전자에 해당하는 대표적인 인물로 하스미 시게히코와 가라타니 고진을 들 수 있다면, 후자에 속하는 인물로 고모리 요이치와 오쓰카 에이지를 들 수 있겠다.[87]

---

85 가토 노리히로, 다케다 세이지, 가사이 기요시 등이 참여한 『하루키를 둘러싼 모험』(河出書房新社, 1991) 같은 기획물이 그렇다.
86 양가감정을 가진 사람들은 시기를 구분하여 따로 평가하는 경향이 있다. 예를 들어 초기 작품은 긍정하지만, 후기 작품은 부정하는 태도를 취한다.

○ 갭과 유니클로

2

하스미 시게히코는 『소설을 멀리 떠나서』(1989)에서 『양을 둘러싼 모험』을, 가라타니 고진은 「무라카미 하루키의 풍경」(1989)에서 『1973년의 핀볼』을 특히 문제 삼았는데, 하스미의 경우 하루키만이 아니라 하루키 쪽에 줄을 서는 비평가들에게도 칼을 겨누었다.

> 하스미 시게히코: 나는 동시대 비평가의 의무란 시대를 선도해 가는 작가를 죽이는 것이라고 생각합니다. 즉 그 이야기物語를 해체하는 것입니다. 미시마 유키오는 오에 겐자부로가 오에 시대를 가졌다는 의미에서 미시마 시대를 가질 수 없었던 인물입니다. 그것은 비평가가 끊임없이 미시마를 억압했기 때문입니다. 내 생각에 나카무라 미쓰오나 데라다 도루寺田透가 미시마 시대의 도래를 계속해서 유산流産시키는 구도를 만들었습니다. 미시마 유키오도 이 두 사람에겐 머리를 들지 못했습니다. 비평가의 이런

---

87 고모리 요이치, 『무라카미 하루키론』, 김춘미 옮김, 고려대학교출판부, 2007. 오쓰카 에이지, 『이야기론으로 읽는 무라카미 하루키와 미야자키 하야오』, 선정우 옮김, 북바이북, 2017.

기능이 좀 더 중시되어야 합니다. 문단이 긴장감을 잃고 재미없게 된 것은 그 다음 세대 비평가들인 이소다 고이치磯田光一나 가와무라 지로川村二郎가 동시대 작가를 언어로 죽이거나 살리는 것을 의무라고 생각하지 않고, 또 생각했다 해도 그런 힘조차 없는 사람들이었기 때문일 것입니다.

그렇기 때문에 미시마는 자신의 시대를 가지지 못하고 죽었지만, 그의 죽음이 문단에 무엇을 가져왔는가 하면, 그런 일을 도저히 완수할 수 없는 마루야 사이이치나 요시유키 준노스케 같은 사람들이 비평의 언어 없이 상을 누구에게 줄까 하는 형태로 작가의 생사여탈권을 쥐는 최악의 사태였습니다.

그리고 그들이 행한 가장 큰 어리석은 짓이 무라카미 하루키에게 다니자키상[88]을 준 것입니다. 그것이 왜 어리석은 짓인가 하면, 문학적 자의식이 없는 무라카미 하루키의 경우 상은 그의 생명에 전혀 지장이 없기 때문입니다. 그런데 문제는 나카가미 겐지입니다. 그는 오에 겐자부로가 그랬던 것처럼 상으로 살고 죽습니다. 그는 정확히 미시마가 미시마 시대를 가지지 못했던 것처럼 나카가미의 시대를 가질 기회

---

88 '다니자키 준이치로상'을 말한다. 아쿠타가와상이 신인들에게 주는 상이라면, 다니자키상은 중견작가들에게 주어지는 상이다. 하루키는 『세계의 끝과 하드보일드 원더랜드』로 이 상을 받았다.

○ **갭과 유니클로**

를 놓쳤습니다.

 그런데 그것은 나카가미에게 정말 좋은 기회였습니다. 무라카미 하루키가 무라카미 시대를 가지고 있는 것처럼 자신의 시대를 가지지 않고 살았기 때문입니다. 그런데 나카가미의 문학적 자의식은 거기에 안주할 수 없었습니다. 시대는 자신의 것이어야 한다는 신념에서 나카가미의 문학적 신화화를 시작하지 않을 수 없습니다. 이것은 어떤 의미에서 당연한 것입니다. 비평언어에 의해 살해당했다면 그는 납득은 되지 않을지라도 싸울 수 있었겠지만, 자기 대신에 무라카미 하루키가 상을 받았을 때는 도무지 싸울 기분이 들지 않았을 것입니다. 그래서 나카가미는 자신을 미시마화三島化했던 것입니다. 이야기 안에서 자신을 보이지 않게 한다는 의미에서 미시마화입니다. 하지만 이것은 잘못이라고 생각합니다. 그 이유는 나카가미 쪽이 미시마보다 훨씬 소설적 재능을 가진 작가이기 때문입니다. 분명히 말하지만 미시마는 『고목탄』 이상의 소설을 한 편도 쓰지 않았습니다. 그러므로 미시마를 의식하고 이야기 쪽으로 간 것은 분명 잘못이라고 생각합니다.[89]

---

89 蓮實重彥・柄谷行人,『鬪爭のエチカ』, 河出書房新社, 1988, 94-95頁, 강조는 인용자.

그렇다면 하루키는 자신에 대한 수많은 비판을 어떻게 생각할까. 그는 한국 잡지와 있었던 한 인터뷰에서 다음과 같이 말한 바 있다.

> Q: 새 책 한 권 내실 때마다, 동시다발적으로 엄청나게 많은 평론이 쏟아집니다. 그 많은 평론이 하루키 씨를 공정히 평가한다고 보세요?
>
> 하루키: 난 평론은 읽지 않아요. 일본의 평론가들은 내게 그리 친절하지가 않거든요. 한국에도 내 책들이 한국의 전통문학을 오염시켰다고 말하는 평론가들이 많다는 얘기를 들었어요. 그런데 일본의 평론가는 정도가 더 심해요.[90]

물론 이 말을 곧이곧대로 들어서는 곤란하다. 평론을 읽지 않는다고 말하지만, 그런 평론이 어떤 것인지에 대해 잘 알고 있기 때문이다. 이런 모순이 어떻게 가능할까. 이에 대한 답은 이어지는 답변에서 찾을 수 있다.

> Q: 당신에 대한 가장 흔한 오해는 어떤 건가요?

---

90 「무라카미 하루키와의 인터뷰」, 『GQ』, 2007년 1월호, 이하 강조는 인용자.

○ 갭과 유니클로

    하루키: 평론을 안 읽으니 잘 모르겠지만 샅샅이 다 찾아 읽는 아내의 말을 종합해 보면, 일본의 평론가는 일본문학에 대해서 '이쪽'으로 나아가야 한다는 원칙이 있는 것 같아요. 그런데 난 '이쪽'이 아니라 '저쪽'으로 가고 있잖아요? 그걸 답답해하는 것 같아요. 게다가 뚜렷한 내 독자층이 있고 책은 세계 여러 곳에서 팔리고 있으니까, 일본작가인 내 책의 주제가 다르게 잡혀야 한다고 생각하는 것 같아요.

하루키 자신은 평론을 전혀 읽지 않지만 반대로 아내는 샅샅이 찾아 읽으며, 자신은 아내의 이야기를 통해 평론의 내용을 알고 있다고 말한다. 본인이 직접 읽으면 되는데 왜 이런 번거로운 과정을 거치는지는 잘 모르지만(『1Q84』에서 등장하는 퍼시버와 리시버의 관계일까?), 여하튼 '직접' 읽지는 않지만 자신에 대한 평가에 대해 꽤 민감하게 반응하고 있음을 알 수 있다. 만약 그렇지 않다면, 다음과 같은 이상한(?) 소설도 쓰지 않았을 것이다.

    노인 – "옆집 공터에 있던 담장이 울타리로 바뀐 거 아냐?"
    곰 – "그건 어쩐지 으음, 평균적이지 않은 화제인

것 같군요."

　노인 - "······················"

　곰 - "······················"

　노인 - "지금 그 얘기, 다시 한번 들려줄 수 있겠나? 억양에서 왠지 작위적인 냄새가 느껴지는군."

　곰 - "그건 어쩐지 으음, 평균적이지 않은 화제인 것 같군요."

　노인 - "역시나 신소리였군."

　곰 - "그렇죠. 상당히 억지스럽고 구차합니다만. …… 그건 그렇고 왜 굳이 담장을 울타리로 바꿨을까요?"

　노인 - "그거야 거기서 키우는 말을 사람들에게 보여주고 싶어서겠지."

　곰 - "그건 또 왜죠? 사람들에게 그 말을 꼭 보여줘야 할 이유라도 있었나요?"

　노인 - "그건 그 말이 책을 읽기 때문이야."

　곰 - "오호, 과연. 독서하는 말을 모두에게 자랑할 의도로 담장을 울타리로 바꿨단 말이죠?"

　노인 - "그뿐만이 아니야. 말이 읽는 책이 예사 책이 아니었지. 그 말이 글쎄 놀랍게도 가라타니 고진의 저서를 읽더라니까."

　곰 - "허, 그것 참. 그건 몸에는 그 뭐냐, 심상찮은 행위예요."

○ 갭과 유니클로

노인 – "…………………………………………."
곰 – "…………………."
노인 – "다시 한 번 말해보게."
곰 – "그건 몸에는 그 뭐냐, 심상잖은 행위라고요."
노인 – "왠지 좀 지치는군."
곰 – "죄송합니다. 이게 제 인격의 일부라서요."
노인 – "뭐, 그건 됐고. 아무튼 그 말은 머리가 엄청나게 좋더군."
곰 – "그런 것 같군요."
노인 – "그렇지만 제아무리 포스트모더니즘을 독해한다 해도, 어차피 말은 말일 뿐이지. 말 주제에 건방지게 어려운 소리나 해대니 주인의 기분이 상했던 모양이야. 어디로 끌고 가서 처분해 버렸다는군. 말도 꽤 당혹스러웠겠지. 제 주장을 늘어놓을 새도 없이 허망하게 저민 고기로 끝나버렸지."
곰 – "패닉으로 반박도 못 했군요."
노인 – " ………… 지금 그 말, 다시 한 번 들려줄 수 있겠나. 유성음이 약간 명확하질 않았어."
곰 – "흐음, 그러니까 말고기로 햄버거[91]라고 했습니다."
노인 – "…………………………………………."

---

91 '패닉으로 반박'(파닉쿠데 반바쿠)의 발음이 '말고기로 햄버거(바니쿳테 한바이구)'와 비슷함.

곰 - "아니…… 그러니까 그 뭐냐…… 하하하, 어르신 그 셔츠 참 멋진데요, 갭인가요?"[92]

이 짧은 소설은 원래는 『밤의 거미원숭이』(1995)라는 단편집(정확히는 콩트집)에 수록될 예정이었다. 하지만 결국 수록되지 못했는데, 하루키는 그 이유를 15년이 지난 후 다음과 같이 밝히고 있다.

나는 넣었으면 했는데, 담당 편집자인 여성분이 가라타니 씨의 팬이어서 "이건 농담도 뭣도 아니잖아요. 뭐예요, 진짜!"라고 허망하게 내치고 말았습니다. 그렇지만 내가 가라타니 씨를 놀릴 의도로 이 글을 쓴 건 절대 아닙니다. 가라타니 씨를 읽는 말이 있으면 재미있겠다고 상상해본 것뿐입니다. 그게 놀리는 건가? 아니, 절대 그런 게 아닙니다. 글을 쓴 시기는 불확실합니다.[93]

하루키는 「가라타니 고진」이라는 제목의 이 소설을 『잡문집』에 수록하면서 두 가지를 강조한다. 첫째 이것은 누군가

---

92 무라카미 하루키, 「가라타니 고진」, 이영미 옮김, 『잡문집』, 비채, 2011, 433-435쪽, 강조는 저자.
93 무라카미 하루키, 『잡문집』, 432쪽, 강조는 인용자.

○ 갭과 유니클로

를 놀리기 위해 쓴 글이 아니다. 둘째 그저 재미로 상상해본 것이다. 이게 놀리는 건가? 절대 놀리는 것이 아니다. 그는 세 번이나 부정하면서 순전히 재미로 쓴 것임을 강조한다. 그렇다면 이 소설에는 어떤 재미있는 상상이 있는 것일까. 내용인즉슨 가라타니 고진을 읽는 말이 있는데, 이를 건방지다고 생각한 주인이 그 말을 저민 고기로 만들어 햄버거에 넣었다는 것이다.

    이런 내용의 소설을 재미있다고 느끼는 독자는 아마 없을 것이다. 재미는커녕 어떤 섬뜩함까지 느껴질 정도다. 차라리 대놓고 비판하거나 노골적으로 비아냥거렸다면 좋았을 것이라는 생각마저 든다. 왜냐하면 상대방의 이름으로 말장난을 하면서[94] 저민 고기 운운하는 것, 그런 후 "재미로 한 것이다, 장난이다"고 너스레를 떠는 것을 유쾌하게 받아들일 사람은 많지 않기 때문이다. 어쨌든 그가 이 소설에서 보여주고 있는 태도는 그 자체로 흥미로운데, 왜냐하면 그것은 우리가 잘 모르는 하루키의 또 다른 모습을 보여주고 있기 때문이다.[95]

---

94 하루키가 강조한 부분인 '몸에는 그 뭐냐, 심상'(가라다니 코우신죠)의 일본어 발음은 '가라타니 고진'과 유사하다.
95 「문학전집이란 도대체 무엇일까?」(『비밀의 숲』, 문학사상사, 2007에 수록됨)라는 글도 그렇다.

그렇다면 하루키는 왜 이런 잔인한 글을 쓴 것일까? 그에 따르면, 자신을 비판하는 글은 헤아릴 수 없을 정도로 많다. 따라서 늘 그렇듯이 쿨하게 무시하면 되었을 것이다. 그런데 굳이 이런 방식으로 가라타니 고진을 걸고넘어지는 이유는 무엇일까? 이와 관련하여 당사자에게 솔직한 답변을 듣는 일은 불가능할 것이다. 그는 언제나처럼 평론 따위에는 관심이 없다는 투로 이야기할 것이 때문이다. 평론을 무시할 수 있는 작가, 그것은 모든 작가가 꿈꾸는 모습일 것이다. 물론 그런 배짱을 가지기 위해서는 확실한 성공이 뒷받침되지 않으면 안 된다.

하지만 아무리 성공을 하더라도 적대감을 감출 수 없는 상대도 있는 법이다. 혹시 무라카미 하루키에게 가라타니 고진이 그런 존재가 아니었을까? 그렇다면 하루키는 왜 그럴 수밖에 없었던 것일까. 편집자가 애써 제외한 글을 15년이나 지나서 굳이 '잡문집'이라는 이름의 책에 집어넣은 이유는 무엇일까. 이 질문에 대한 답은 오쓰카 에이지의 다음과 같은 지적에서 찾을 수 있을지 모른다.

> 내가 유일하게 설득력이 있다고 느꼈던 비평은 가라타니 고진의 간단한 언급이다. "구조밖에 없기 때문이다."[96]

○ 갭과 유니클로

 일본에서 가장 많은 하루키론을 쓴 사람 중 한 명인 오쓰카 에이지는 자신이 읽은 수많은 하루키론 중에서 '유일하게 설득력이 있다고 느꼈던 비평'은 가라타니의 하루키론밖에 없다고 단언한다. 그가 주목한 것은 '이야기의 구조'였다. 즉 그는 하루키와 미야자키 하야오의 세계적 성공비결을 '구조밖에 없는 이야기'에서 찾고 있다.

 하지만 '구조밖에 없는 이야기'가 모두 세계적인 성공을 거두는 것은 아니다. 하루키 이후 수많은 그의 아류들이 등장했지만, 그 누구도 하루키가 이룬 성공의 발끝에도 미치지 못했다. 그렇다면 하루키의 성공에는 '구조'로 수렴되지 않는 무언가(손쉽게 모방이 불가능한 것)가 있다는 말이 된다. 여기서 주의할 점은 어떤 특징을 성공요인으로 환원하는 독해다. 어떤 책이 많이 팔렸다고 했을 때, 논의의 초점을 "왜 그렇게 많이 팔렸는가"에 맞추면, 모든 분석은 '팔린 이유'로 수렴될 수밖에 없기 때문이다.

 따라서 우리는 오쓰카 에이지의 논의를 따라가는 대신, 가라타니가 하루키를 어떻게 평가하고 있는지를 직접 살펴보는 것이 필요하다. 사실 반하루키 진영의 대표자로 간주되는 가라타니 고진이지만, 정작 그가 쓴 하루키론은 딱 한

---

96 오쓰카 에이지, 『이야기론으로 읽는 무라카미 하루키와 미야자키 하야오』, 선정우 옮김, 북바이북, 2017, 13쪽, 강조는 인용자.

편뿐으로, 그것도 지금으로부터 무려 30여 년 전에 발표한 것이다.

3

「무라카미 하루키의 풍경」이라는 글은 1989년, 그러니까 하루키가 '날아가던 비행기도 떨어뜨릴'[97] 시절에 발표되었다가 이듬해 『종언을 둘러싸고』(1990)에 처음 수록되었다. 이후 잠시 절판상태로 있다가 수정 후 이와나미서점판 정본집의 한 권인 『역사와 반복』에 재수록된다.

참고로 「무라카미 하루키의 풍경」은 완전히 독립된 글이 아니다. 가라타니는 이 글을 쓰기 전에 「오에 겐자부로의 알레고리」라는 글을 썼고, 그 이전에는 미시마 유키오를 다룬 「근대일본의 담론공간」이라는 글을 썼다. 이후 그는 이 세 편의 글을 '고유명을 둘러싸고'라는 타이틀로 묶어 『종언을 둘러싸고』에 수록한다.

하지만 『역사와 반복』에서 이 글은 '근대일본에서 역사와 반복'이라는 타이틀 하에 들어가고 바로 뒤에 「근대문학의 종언」[98]이라는 글이 새로 붙게 된다. 따라서 가라타니의

---

[97] 사이토 미나코, 『문단아이돌론』, 나일등 옮김, 한겨레출판, 2017, 13쪽.

○ 갭과 유니클로

하루키론을 이야기하기 위해서는 이 네 편의 글을 함께 논해야 한다. 저자의 의도를 충실히 따르자면 그렇다.

하지만 모든 텍스트는 원래의 맥락에서 절단되어 나와 다른 글과 접목됨으로써 해당 텍스트가 의도했을 또 다른 핵심에 도달하는 것이 가능하다. 이를테면 '풍경'이라는 키워드에 주목하여 「무라카미 하루키의 풍경」을 「풍경의 발견」과 함께 읽는 것이다. 이는 약 120년 전에 풍경을 발견한 구니키다 돗포와 1970년대 말에 또 다른 풍경을 발견한 무라카미 하루키를 겹쳐 읽는 일인데, 이는 근대문학의 기원과 종언을 한 번에 응시할 수 있는 기회이자 이들과는 전혀 다른 길을 걸은 소세키를 만나는 기회이기도 하다.[99]

그리고 그렇게 했을 때 우리는 하루키 소설을 읽으면서 말고기가 들어간 햄버거를 먹는 고양이를 발견할 수 있을지 모른다. "하하하, T셔츠 참 멋진데요, 유니클로인가요?"

---

98 이 글은 우리가 아는 「근대문학의 종언」과는 무관한 글로, 「동일성의 원환」(『海燕』 1988年 3月号)과 「소설이라는 투쟁」(『群像』 1989年 6月号)을 하나로 합친 글이다.
99 다음 글은 정확히 이런 관점에서 쓴 글이다. 졸고, 「히틀러와 강아지풀 – 하루키 월드라는 풍경」, 『비평구독』, 2022년 1월호.

| 옮긴이의 말 |

이 책은 가라타니 고진의 문학 관련 글 중 가장 중요하다고 생각되는 세 편의 글을 모은 책이다. 「무라카미 하루키의 풍경」의 경우, 옮긴이의 기존 번역(『역사와 반복』에 수록, 현재는 절판)을 전면적으로 가다듬었고, 나머지 두 편은 이번에 새로 옮겼다.

주지하다시피 「풍경의 발견」은 『일본근대문학의 기원』의 핵심 장으로, 한국근대문학 연구에도 매우 큰 영향을 끼친 글이다. 하지만 그동안 제대로 이해가 되었는지는 여전히 의문이 든다. 그런 의미에서 아직 읽지 못한 독자는 물론, 이미 읽은 독자에게도 많은 시사점을 줄 것이다.

「무라카미 하루키의 풍경」은 가라타니의 유일한 하루키론으로, 지금까지도 유일무이한 하루키론으로 평가받는 글이다. 하루키가 가진 영향력에 비해 제대로 된 하루키론이

○ 옮긴이의 말

거의 없는 한국에서 이 글은 분명 하루키 연구의 기폭제가 될 것이다.

「소세키의 작품세계」는 국내에 처음 소개되는 글로, 데뷔작 「의식과 자연-소세키 시론」으로 시작하는 '가라타니 소세키론'을 집대성하고 있다. 가라타니가 '근대문학'을 어떻게 이해하고 있는지를 매우 쉽고 정확하게 알 수 있다.

'문학비평가'로서의 가라타니 고진을 만난다고 할 때 이 세 편만큼 계발적인 글도 없을 것이다. 적어도 가라타니 문학론이 이야기하는 핵심은 놓치지 않을 것이다. '근대문학의 종언'이 여전히 회자되는 오늘날, 이 책은 분명 논의를 보다 깊고 풍부하게 만들어줄 것이라 확신한다.

참고로 이런 식으로 편집된 책은 일본에 존재하지 않는다. 완전히 새로운 방식으로 한 권의 책을 묶을 수 있게 도움을 주신 가라타니 고진 선생님께 감사하다는 말씀을 드리고 싶다.

2022년 3월 16일

조영일

하루키의 풍경

가라타니 고진
조영일 옮김

초판 1쇄 펴낸날 2022년 4월 8일

펴낸곳　　비고
주소　　　경기도 광명시 광오로 17번길 9-1 201호
출판등록 2019년 5월 3일 제2019-000008호

팩스　　050-7533-4398
이메일　vigobooks@naver.com
블로그　vigobooks.tistory.com
ISBN　979-11-972242-2-5　03830

값 18,000원

한국어판 ⓒ비고, 2022, Printed in Korea.